U0835405

教育部普通高等教育精品教材
普通高等教育"十一五"国家级规划教材
全国体育院系《体操》普修课程教材

体　操

（普　修）

吕万刚　胡建国　宋文利　主编

北京体育大学出版社

策划编辑：梁　林
责任编辑：木　凡
责任校对：冬　梅
版式设计：博文宏图

图书在版编目（CIP）数据

体操 / 吕万刚等著. -- 北京 : 北京体育大学出版社，2007.08（2025.2重印）
ISBN 978-7-81100-769-5

Ⅰ. ①体… Ⅱ. ①吕… Ⅲ. ①体操－高等学校－教材 Ⅳ. ①G83

中国版本图书馆CIP数据核字(2007)第103747号

体　操　　吕万刚　胡建国　宋文利　主编

出版发行：北京体育大学出版社
地　　址：北京市海淀区农大南路1号院2号楼2层办公B-212
邮　　编：100084
网　　址：http：//cbs.bsu.edu.cn
发 行 部：010-62989320
邮 购 部：北京体育大学出版社读者服务部 010-62989432
印　　刷：三河市龙大印装有限公司
开　　本：710mm × 1000mm　1/16
成品尺寸：170mm × 240mm
印　　张：14.25
字　　数：263千字
版　　次：2007年8月第1版　2017年1月第3版
印　　次：2025年2月第7次印刷
定　　价：35.00元

编委会

前　言

新出版的《体操（普修）》教材，是在人民体育出版社1989年版的基础上重新修订的。本教材打破了原有的教材内容体系，删去了与当今社会发展和学校体育发展不相适应部分，增加了体操健身原理与方法、体操游戏等内容，突出了对学生各种能力的培养，更加适应于大、中、小学体育健康课程教学改革的需要，是教育部批准立项的“十一五”国家级规划教材。

《体操（普修）》新教材在教学内容选编的指导思想上，始终贯彻以传授体操基本知识、技术和技能为先导，以培养学生能力为重点，以促进身心协调发展为中心的指导思想；在教学内容选编原则上，遵循整体性、发展性、可实践性、科学性的选编原则，同时注重教学内容选编的有效性和时效性，满足学生主体需要，服务学生未来工作和生活；在教学内容新体系构建上，既注重了学生教学技能的培养，又增加了全民健身指导的教学内容。

新教材教学内容由体操发展概论、基本体操、竞技体操、体操健身原理与方法和体操游戏五章构成，全面而系统地阐述了体操理论知识、体操教学技能、体操锻炼的手段与方法等内容。体操理论知识包括体操基础理论、体操健身原理等；体操锻炼的手段与方法包括徒手体操、轻器械体操、器械体操、全民健身器械等四个部分；体操教学技能的培养内容含有队列队形操练、运用和创编徒手体操与轻器械体操动作、器械体操基本动作的教学实践、运用与创编体操游戏等内容。

新教材由武汉体育学院体操教研室主持编写，参加编写与修改工作还有北京体育大学金逵副教授、西安体育学院刘金玉副教授、河北体育学院王长青教授、哈尔滨体育学院宋文利教授、南京体育学院程武副教授、陕西师范大学胡效芳教授、聊城大学体育学院钟明宝教授、山西大学体育学院郑春梅副教授、淮北煤炭师范学院裴德超副教授；插图绘制者为芦琴、谌威；动作示范者为武汉体院学生杨琪、谢璞。此教材的串编主要由武汉体育学院吕万刚教授和胡建国副教授完成，新教材最后由上海体育学院杨兴权教授、首都体育学院王文生教授和苏州大学体育学院汪康乐教授审定。

目　录

第一章　体操发展概论

体操是徒手或借助器械进行各种身体练习的一类体育项目。它是体育院校、系的必修课程之一，也是各类学校实施体育健康教育和培养社会主义合格人才的重要内容，同时也是实施《奥运争光计划》与《全民健身计划》的重要手段之一。

体操的特点在于：内容丰富，形式多样，易于普及；全面发展身体；在教学与训练中广泛运用保护与帮助；具有一定的艺术性与表演性。

第一节　体操发展简况

体操运动有着悠久的历史，它是伴随着人类社会实践而产生并逐步发展起来的。从一些壁画、陶器等历史证据我们得知，体操形成于三千多年前的古埃及以及后来的古希腊和古罗马时代。随着罗马帝国的衰败，体操也随之衰退。此后许多个世纪，体操一直存在于一些江湖艺人的杂技表演之中。

早在公元前5世纪，希腊人把锻炼身体的一切活动，诸如走、跑、跳、投掷、攀登、摔跤、舞蹈、骑马和军事游戏等统称为体操，这个概念一直沿用了很久。进入19世纪，欧美相继出现了许多新的运动项目，建立起“体育是以身体活动为手段的教育”这一新概念。此后，“体操”和“体育”两词并存，相互混用。19世纪末至20世纪初，由于体育运动的发展以及生理学家、医学家和体育家对各项体育运动的结构、功能和价值等进行深入研究和科学划分，原来作为“体育”总概念的“体操”才逐步演变成为具有现在概念独立的运动项目。

一、国际体操发展简况

现代竞技体操源于体操，始于欧洲。18世纪末，最早是德国开始形成了新兴的体操学派，古茨穆茨（Johann Christoph Friedrich Guts Muths，1759～1839）和雅恩（曾译扬氏 Friedrich Ludwig Jahn，1778—1852）是当时最有影响的两位代表人物，他们为建立进步的德国体操体系做出了突出的贡献。古茨穆茨所倡导的体操体系，包括 8 项基本运动、手工作业、青少年游戏三大类。其中第一大类“8 项基本运动”与体育发展的关系最为密切。雅恩采用了古茨穆茨的观念和主张，尤其在器械体操方面有不少的创新和改革。他认为“器械练习是发展力量，增强意志品质的最好办法”。于是他大力推进器械体操的发展，如改进和推广了单杠，改革了木马，发展了双杠等。德国体操的特点是以器械为主，强调强身健体，增强力量，发展全身。现代竞技体操的发展与德国体操学派的发展有密切关系。

在德国体操发展的同时，具有鲜明军事、教育、医疗目的的瑞典体操学派也开始形成。其代表人物林德福尔斯（O. B. Lindfors，1781—1841）以《体操艺术》为题发表论文，把“人为体操”分为三类，即军事体操、儿童教育与运动员的体操、预防与矫正身体缺陷的医疗体操。另一瑞典人林格（Pehr Henrik Ling，1776—1839）在对解剖学、生理学、体操理论作了大量研究之后指出：体操理论必须是符合人体各器官运动法则的身体运动科学。身体运动的目的，必须使身体得到协调均衡的发展。他在《体操的一般原理》一书中，提出了明确的观点。他认为：身体的动作，不应像德国体操那样受器械的制约，不应由器械来决定，而是应该加以合理的设计，使器械适合于军事、教育与娱乐目的之需要；应由动作需要决定器械的改进。林德福尔斯在把体操引向科学化方面，有不可磨灭的功绩。瑞典体操的特点是：注意矫正姿势，讲求实效，增强肌肉，编排有条理，动作整齐，有棱有角，养成正常的体态，促进了竞技体操对动作姿态美的发展。

18 世纪与瑞典体操齐名的还有丹麦体操。丹麦的体育先驱是那地高尔（Franz Nachtegall，1777—1847），他曾任丹麦军事体操学院院长。那地高尔对丹麦体操内容的创建，除主要依据德国、瑞典体操以外，还对英国的竞技运动予以应有的重视。另一丹麦体操家尼尔斯·布克（Niels Bukn）的基本体操对体操运动的影响较大。丹麦体操动作活泼、轻松、连贯，有韵律、有节奏，动作舒展美观，注意动作的弹性、柔软，对竞技体操初期男子自由体操徒手动作的形成与发展有重要意义。

19 世纪中叶，捷克斯洛伐克在民族复兴的潮流中，建立了第一个体操联盟组织，称之为“法尔康”（Falcons）或“苏克尔”（SokoLs），意为“猎鹰”或“雄鹰”。这个组织一直延续到现在。鹰派体操家们的最大贡献在于：他们在 19 世纪 60 年代后，提出了体操最重要的是优美而吸引人的主张。体操不仅要求动作外形美，还应有专门的体操服，成套动作的编排，力求难易交替，波澜起伏，从而使体操在专一化的道路上迈进了一大步，使竞技体操成为一个独立的分支而迅速地发展起来。捷克的竞技体操自 1907 年第 3 届世界体操锦标赛开始的 30 余年中，多次夺得团体冠军，为现代竞技体操的形成与发展，做出了巨大的贡献。

无论从1896年开始的奥运会还是1903年开始的世界体操锦标赛，体操比赛包括不同的体育项目。即使在稍前的第12届世界体操锦标赛上（1950年，瑞士·巴塞尔），也还有田径100米跑和撑竿跳高的内容。这两个世界性的体操比赛，曾经设立过许多比赛项目，如100米跑、150米跑、游泳50米、爬绳8米、跳高、跳远、举重、铅球、火棒等。直到1952年在芬兰赫尔辛基第15届奥运会上，女子竞技体操4个项目确定后，才形成目前男子6项、女子4项的竞技体操比赛项目。竞技体操作为一个独立的竞技比赛项目从现代体操中派生出来，它从属于体操，又是一个独立的体系和分支。随着体操运动的迅速发展，相继又有艺术体操、技巧、蹦床和健美操等项目成为竞技性体操的分支，各自成为一个独立的竞技比赛项目。

竞技体操的发展大体经历了以下几个阶段：

第一阶段（20世纪50年代以前）： 竞技体操初级阶段。

两次世界大战使比赛中断20余年，每次比赛项目不固定，技术水平也较低。开展较好的国家有捷克斯洛伐克、法国、意大利等。

第二阶段（20世纪50年代）： 竞技体操形成阶段。

确定了比赛项目与方法：男子为6项，女子为4项；设有团体赛、全能赛和单项决赛；并初步确定了竞赛计分方法。苏联男、女队一直保持领先地位。

第三阶段（20世纪60年代）： 竞体体操发展阶段。

进入20世纪60年代，随着参赛国逐渐增多，运动技术水平大大提高，体操有了广泛的发展。1960年第17届奥运会上，日本男队首次战胜苏联队获世界冠军，打破了苏联队一统体操奖台的局面，并保持10次大赛团体冠军的纪录。

第四阶段（20世纪70年代以后）： 竞技体操大发展阶段。

20世纪70年代以来，体操运动技术发展突飞猛进，出现了旋空翻、空翻再握飞行动作、单臂大回环、双杠大回环、平衡木空翻转体、后空翻三周等高难度动作。各国相继重视早期专门训练问题的研究，自选动作的编排趋向于难、新、稳、美。

19世纪末、20世纪初，一些生理学家、音乐家和舞蹈家主张应以身体的自然动作为基础，在音乐的伴奏下做有节奏的身体活动，从而发展身体的柔韧性，形成正确的身体姿态，提高动作的艺术性。艺术体操是在这一理论的基础上，经过长期实践逐步形成的。1962年，国际体操联合会把艺术体操定为独立的女子竞赛项目，并于1963年在布达佩斯举行了第1届世界艺术体操锦标赛。1980年7月，国际奥委会项目委员会宣布，将艺术体操列为奥运会的竞赛项目，并在1984年的奥运会上举行比赛。

随着体操运动的发展，技巧运动也迅速发展起来。20 世纪 50 年代开始，苏联及东欧等国先后将技巧作为独立的比赛项目。1957 年 10 月在波兰华沙举行了第 1 届国际技巧比赛，1973 年 10 月，国际技巧联合会在莫斯科成立。1999 年 1 月，原国际技巧联合会与国际体操联合会合并。

19 世纪到 20 世纪 50 年代，由于各种体操流派对体操进行深入的研究，他们既注重人体的健美，又注重自然的身体动作以及动作节奏的流畅性，20 世纪 60 年代，现代健美操运动开始兴起，逐步成为一种“时尚运动”，到 80 年代，已成为风靡全球、最受欢迎的体育运动项目之一，并向着健身和竞技两个方向发展。1983 年，国际健美操联合会成立，当年举行了第 1 届国际健美操比赛。1994 年，国际体操联合会接受健美操为其正式比赛项目。第 1 届世界健美操锦标赛于 1995 年在法国巴黎举行。

20 世纪 30 年代，美国跳水运动员乔治·尼森受到杂技中弹性保护网的启示，制作出类似今天的蹦床，作为训练翻转动作的辅助工具。这种做法，使蹦床逐渐成为一项专门的运动。1947 年在得克萨斯州举行了首届全美蹦床表演赛，1948 年开始列为正式比赛项目，后来许多国家相继开展。1964 年 3 月在英国伦敦举行了首届世界蹦床锦标赛，同时成立了国际蹦床联合会，1997 年国际奥委会决定将蹦床列入奥运会项目。

二、我国体操发展简况

（一）古代体操

体操在我国有着悠久的历史，据《吕氏春秋·古乐》记载，古代体操始于原始社会末期的尧舜时代，随后逐步演变为预防疾病的类似于现代的医疗保健体操；流传于民间的歌舞、杂技、戏剧中的技巧动作；器械体操和为军事服务的兵式体操等，它们是相互联系的。古代体操大体分为三类：一是医疗保健体操；二是娱乐式体操；三是为军事服务的兵式体操。

1. 医疗保健体操

导引养身术是把身体和呼吸活动作为保健的方法。长沙马王堆出土的一幅西汉时期的帛画“导引图”，描绘了不同性别和不同年龄的人做举臂、下蹲、收腹、弯腰、深呼吸等 40 多种动作，是我国当前发现最早的一种医疗保健体操。我国古代名著《黄帝内经》中记载“其病多痿厥寒热，其治宜导引按足跻”，就是说，如果身体机能失调或发冷发热，就要用活动身体和按摩的方法来治疗。其内容包括肢体运动、呼吸运动和自我按摩三者的结合。

“五禽戏”是东汉名医华佗创编的健身方法，是模仿虎的扑动前肢，鹿的伸展头颈，熊的卧身倒地，猿的脚尖纵跳，鸟的展翅飞翔等动作的象形体操，使人的全身肌肉、关节、韧带得到舒展锻炼。

“八段锦”起源于宋朝，它是由 8 节动作组成的徒手练习。自南宋初年到清光绪初年，其间几经改编，内容丰富多彩，大体上可分为坐姿和站姿两大类。它用中医术语，以歌诀形式阐明动作的特点，如“双手托天理三焦，左右开弓似射雕。调理脾胃单举手，五劳七伤往后瞧。摇头摆尾去心火，两手攀足固肾腰。攒拳怒目增气力，背后七颠百病消。”它类似现在的徒手操、健身操和医疗保健操。

“易筋经”中的“易”是改变的意思，“筋”就是肌肉，“经”是方法，“易筋经”就是增强筋骨的方法，现在称为健身术，也是增强肌肉韧带，使人身体强壮的方法。

2. 娱乐式体操

翻跟头与杂技由原始歌舞派生而出。据史书记载，在周朝的“狩猎舞”中，就出现了滚动、滚翻等技巧动作；汉朝“百戏”中有了“燕嬉”，即如燕翻腾嬉舞的技巧动作；唐代有过盛大的杂技表演；在北宋时代，翻跟头已是一项“散乐”（杂技），应用于戏曲之中；到了清朝末年，戏曲中翻跟头已发展了许多复杂动作。木制的单杠和近似吊环的皮条和走索（走钢丝）等器械，至今仍保留在我国的杂技之中。

3. 为军事服务的兵式体操

据《通典》和《通志略》记载，在武则天长安二年（公元 720 年），就有了“制土马千里间间，教人习骗”。“习骗”就是从地面上跳跃上马动作的练习。可见在 1200 多年前就有类似跳马的练习，并应用于军事之中。《唐书·兵制》规定：“有教习不精者罪其折冲，甚者罪及刺使。”由于这种练兵活动的开展，直接推动了武艺的发展。

（二）近代体操

1840 年鸦片战争以后，随着帝国主义的军事、经济和文化侵略，器械体操的某些项目也传入我国。1845 年，美、英等国先后在上海、天津、北京、武汉等地开办教会学校，成立“青年会”并设置健康房和体操器械。由于清政府的腐败，对外战争屡遭失败，人民反清情绪高涨。清政府为了挽救其封建统治，在天津、武昌、广东等地设立武备学堂，聘请了一批外国军官，这些学校中进行了平台、木马、单杠、双杠等项目训练。1908 年在上海成立了中国体操学校，教学内容主要有徒手体操，兵式操和武术、音乐舞蹈以及教育学、体育学、解剖学、生理学等。

1949 年中华人民共和国成立前，国内体操发展缓慢，十分落后，几乎无群众性体操可言，仅大城市的少数学校开展一些基本体操和项目不全的器械体操。1948 年在上海举行的一次全国运动会上，虽有体操项目，却只有表演赛，而且只有单杠、双杠、跳马 3 个项目，运动员人数少，技术水平也较低。

与此同时，在中国共产党领导的军队中和革命根据地，非常重视军民的健康，倡导开展体育运动。在延安，每逢大的节日举行体育比赛时，团体操和单杠表演都是其中主要内容。部队普遍开展单杠、木马和徒手体操活动。

1941 年延安大学成立体育系，学习科目就有体操，包括单杠、双杠、木马和垫上运动等。群众性体操活动的开展，对增强解放区军民的体质起到积极作用。

（三）现代体操

1949 年中华人民共和国成立后，党和国家对人民健康非常关怀，体育运动得到重视，体操得到了深入发展。

1. 群众性体操活动的普及

从 1951 年开始，在全国范围内先后推行了成年、少年、儿童广播体操；在工矿、企业、机关、学校以及医疗单位，广泛开展卫生体操、生产体操、医疗体操、健美操等体操活动，对增强人民体质，活跃人民生活和预防疾病起到了积极的作用。体操被列为各级学校体育教学大纲的主要内容。

2. 竞技体操迅速发展

在群众性体操运动广泛开展的基础上，竞技体操获得了迅速发展。

（1）竞技体操发展的起步阶段

从 1953 年起，我国每年都举行一次全国性体操比赛，1955 年以后，全国性体操比赛增加到每年两次。1956 年成立了中国体操协会，同年加入世界体操联合会，并建立了体操运动员和裁判员等级制度，为我国竞技体操的发展创造了良好的条件。

1958 年，我国第一次参加第 14 届世界体操锦标赛，男队和女队获得获团体第

11 名和第 7 名。1959 年，在我国举行的第 1 届全国运动会上，涌现出一大批体操新手，为我国进入世界体操先进水平奠定了基础。1962 年在布拉格举行的第 15 届世界体操锦标赛上，中国男队一跃成为团体第 4 名，女队进入了团体前 6 名，于烈峰获得了鞍马第 3 名，这是我国体操发展史上一次很大的飞跃，说明我国体操运动技术水平已进入世界先进行列。

（2）竞技体操发展的停滞阶段

一方面，由于国际体联阴谋制造“两个中国”，1964 年我国宣布退出该组织；另一方面，“文化大革命”严重影响了我国体操运动的发展，比赛一度中断，我国体操运动与世界技术水平又拉开了距离。

（3）竞技体操恢复发展阶段

1971 年恢复了全国体操比赛，此后参加国际比赛的次数逐渐增加。1978 年国际体联恢复了我国的合法席位，此后，我国运动员在世界体操大赛中不断取得优异成绩。1979 年，在美国沃思堡举行的第 20 届世界体操锦标赛上，中国女队和男队分别获团体第 4 名和第 5 名。马燕红在高低杠比赛中夺得金牌，成为我国第一个体操世界冠军。

（4）竞技体操快速发展阶段

进入 20 世纪 80 年代，中国体操健儿以崭新的面貌，精湛的技术出现在世界体坛上。1981 年在莫斯科举行的第 21 届世界体操锦标赛上，中国女队获得团体第 2 名，男队获得团体第 3 名的好成绩。李月久和李小平分别获自由体操、鞍马冠军。1982 年在南斯拉夫萨格勒布举行的第 6 届世界杯体操比赛上，我国优秀选手李宁一人夺得 6 枚金牌，震动了国际体坛。1983 年在匈牙利布达佩斯举行的第 22 届世界体操锦标赛上，我国男队首次夺得了团体世界冠军，为祖国争得了极大的荣誉，在中国体操史上写下了光辉的一页。1984 年在美国洛杉矶举行的第 23 届奥运会上，中国体操队共夺得 5 枚金牌，男女分获团体第 2 名和第 3 名。20 世纪 80 年代后，我国竞技体操技术得到飞快发展，不仅表现在我国体操队在国际体操比赛中取得大量金牌，而且还表现在以我国优秀体操运动员名字命名的各个运动项目的创新动作得到国际体联承认。从 1984 年至今的历届奥运会上，中国体操队都获得了金牌，为我国体育事业的发展做出了巨大的贡献。

3. “体操大家庭”繁荣兴旺

在竞技体操迅速发展的同时，艺术体操、技巧运动、健美操和蹦床运动在我国陆续开展，实现了“体操大家庭”的繁荣兴旺。

（1）艺术体操

艺术体操在我国是一个较为年轻的运动项目。中华人民共和国成立初期，从苏联引进了一些基本技术，1955 年在体育院校开设艺术体操课，1980 年举行了全国体育学院艺术体操比赛。1981 年 10 月我国艺术体操队首次参加了在慕尼黑举行的第 10 届艺术体操锦标赛，团体排名第 16 位，个人最好名次为第 24 名。1984 年在美国举行的第 4 届四大洲艺术体操锦标赛上，中国队获团体第 1 名，这是中国队首次获得艺术体操世界冠军。在 1996 第 26 届奥运会上，集体项目获得第 5 名。同时，大众艺术体操的逐步推广，为大众健身提供了丰富的内容。

（2）技巧运动

技巧运动在我国有着非常悠久的历史。20 世纪 50 年代初，部分省份开展技巧运动。自 1956 年第 1 次全国性的技巧运动表演赛以来，中国的技巧运动已走过了 60 多年的发展历程。1959 年第 1 届全运会将其列为正式比赛项目。1979 年，中国技巧协会从中国体操协会中独立出来，并于同年加入国际技巧联合会。中国属于技巧运动强国，在世界技巧运动发展中具有重要的地位。

（3）健美操

早在 1937 年，我国康健书局曾出版发行了马约翰等人著的《女子健美体操集》。20 世纪 80 年代，现代健美操随着世界健美操的热潮传人我国。因其新颖的锻炼方法、良好的健身效果、健身的安全性和广泛的适应性而受到广大人民群众的青睐，很快在社会上得到普及。初期在一些高校开展，后遍及社会各阶层，健美操、健身操、健身舞等成为流行的“时尚运动”。健身馆、健身中心、健康城等健身场所向社会开放。群众性的健美操表演和竞赛的开展，电视、报刊等媒体有关健美操内容的宣传报道，对健美操运动的持续发展起到了推波助澜的作用。1992 年，中国健美操协会成立。1995 年，推出了《健美操运动员技术等级制度》，首次派队参加了在法国举行的第 1 届世界健美操锦标赛。1998 年，推出了《健美操指导员技术等级制度》和《全国健美操大众等级标准》。2005 年 7 月在德国杜伊斯堡举行的第 7 届世界运动会上，我国健美操队获得 6 人操第 1 名。2006 年 6 月，在我国南京举行的第 9 届世界健美操锦标赛上，我国健美操队获得男子单人操冠军、6 人操冠军和团体亚军的好成绩。

（4）蹦床运动

蹦床运动在进入奥运会以前，我国一直将其作为体操、技巧、跳水等项目的辅助训练手段。1997 年国际奥委会将蹦床列入 2000 年奥运会正式比赛项目后，我国部分省份相继成立了蹦床队。2001 年 4 月，中国蹦床技巧协会成立，2002 年成立国家蹦床队，在2003年世界蹦床锦标赛上，中国女队获得团体亚军。在2004年雅典奥运会上，中国队获得女子个人铜牌。为推动我国蹦床运动的进一步发展，中国蹦床技巧协会于2004年颁布了《蹦床运动员技术等级标准》。

思考题：

1. 体操的概念是什么？
2. 体操有哪些特点？
3. 我国古代体操分为哪几类？

第二节　体操的内容与分类

一、体操的内容

体操的内容丰富多样，从表现特征来看，一般有下列内容。

（一）队列队形练习

早期的军事体操或兵式体操中有大量的队列队形练习，一直保留至今。队列队形的指挥是体育教师应掌握的一项重要技能，也是体育院系体操教学大纲中的重要内容之一。

（二）徒手体操

徒手体操是体操练习中最基础的内容，它不仅是大众健身和体育运动中的准备活动常用内容，也是某些竞技性体操项目成套动作中必不可少的内容之一。

（三）轻器械体操

轻器械体操是在徒手体操动作的基础上，通过手持体操棍、实心球、哑铃、跳绳、火棒等轻器械进行的身体练习。轻器械体操练习，主要体现人对器械的使用和人体与器械的配合。

（四）专门器械体操

专门器械体操是指在体操凳、肋木、爬绳（杆）等专门器械上进行的体操练习。近些年来，由于全民健身热的兴起，在众多的全民健身器械中，出现了很多与目前体操器械结构相同或相似，功能相同或相近的专门体操器械，极大地丰富了体操内容。

（五）器械体操

器械体操通常是指利用单杠、双杠、吊环、鞍马、高低杠、平衡木等体操器械进行的各种练习，是现代竞体体操的主要内容。

（六）跳　跃

体操中的跳跃，包括一般跳跃和支撑跳跃。支撑跳跃是在一般跳跃的基础上发展起来的，在竞技体操中占有重要地位。

（七）技巧运动

技巧运动有翻腾、平衡、抛接等类型动作。翻腾动作不仅是自由体操中主要内容，而且也是各项器械体操的基本练习，经常作为其他运动项目的辅助练习手段。技巧运动的项目有男子双人、女子双人、混合双人、女子 3 人和男子 4 人。

（八）艺术体操

艺术体操是徒手或手持轻器械在音乐伴奏下进行的有节奏的身体练习，内容有走、跑、跳、转体、平衡、器械抛接动作和身体各部分的摆动、绕环、屈伸等徒手练习。国际体联正式比赛规定的器械有绳、圈、球、棒、带。比赛项目有个人项目比赛和集体项目比赛。

（九）健美操

健美操是融体操、舞蹈、音乐为一体并对健、力、美有特定要求的一种体育项目。健美操运动是以操化身体练习为基本手段，以有氧运动为基础，以追求身心健康、塑造形体和娱乐为目的。健美操分为两大类。一类是以健身为目的的健身健美操，另一类是以竞技为目的的竞技健美操。竞技健美操的比赛有男子单人操、女子单人操、混合双人操、3 人操和 6 人操 6 个项目。

（十）蹦床运动

蹦床，又称弹网。运动员借助蹦床的弹力高高腾起，在空中完成不同方向、不同类型、不同难度的空翻动作，具有高、美、准、难的特点，有“空中芭蕾”之称。设有男子单人、女子单人、男子双人同步、女子双人同步、男子单跳和女子单跳等项目。

二、体操的分类

体操分类，就是把作为母项的体操的主要内容，按一定的属性划分为若干个子项（小类）层次，划分时所依据的标准的属性就是进行分类的根据，根据不同，从同一母项中划分出来的子项便不同。如根据体操练习的形式，可分为徒手体操、轻器械体操和器械体操等；根据性别，可分为女子体操、男子体操；根据竞赛项目，可分为竞技体操、技巧运动和艺术体操等。

目前体操分类普遍是以完成体操任务为依据进行的。据此，可将体操分为以锻炼身体、增强体质和培养基本技能为主要任务的基本体操；以挖掘人体潜能、提高竞技能力为主要任务的竞技性体操。

（一）基本体操

基本体操是发展一般身体能力的一类体操。其目的是锻炼身体、增进健康、增强体质、促进身体全面发展、提高工作能力，它是体操练习最基本的内容，也是开展竞技性体操的重要基础，具有广泛的群众性和较强的针对性特点。基本体操主要包括队列队形练习、徒手体操、轻器械体操、专门器械体操等。

（二）竞技性体操

以争取优胜为直接目的的一类体操，是国内外体育竞赛项目群，有特定的竞赛规程和评分规则。这类体操动作难度大，技术复杂而且发展很快，具有全面性、准确性、惊险性和艺术性特点，对人的体能、技术和心理等方面要求很高。竞技性体操主要包括竞技体操、艺术体操、健美操、技巧运动和蹦床运动。

思考题：

1. 现代体操有哪些内容？如何对这些内容进行分类？
2. 基本体操和竞技性体操各包括哪些内容（项目）？

第三节　体操的任务

开展体操运动的目的是增强人民体质，提高运动技术水平，为社会主义建设事业服务。这一目的是体操工作总的目标和方向，要想达到我国体操的总目的，应完成以下几项主要任务。

一、促进身体正常发育，全面提高健康水平，提高工作效率。

二、掌握体操的基本知识、技术和技能，养成自觉锻炼身体的良好习惯，对提高运动技术水平有极为重要的意义。

三、提高竞技体操运动技术水平，不断地创新动作和改革教学训练方法，攀登世界体操高峰。

四、提高美的鉴赏能力，加强艺术修养，把体育与艺术完美地结合起来，提高和丰富人们的生活质量和内容。

五、进行思想教育。通过体操教学和训练，培养人们努力学习、刻苦锻炼、不断进取以及勇敢、果断、顽强、坚毅等意志品质。

思考题：

体操的任务是什么？

（吕万刚　宋文利　程　武）

第二章　基本体操

第一节　基本体操的内容与特点

基本体操是体操运动的源流。在 18～19 世纪的欧洲，由于政治、军事、文化教育发展的需要，基本体操迅速向教育、军事、健美、医疗等方面发展，并形成了各种学派。各国为体操的发展，革新了许多健身器材，创编了丰富的练习内容，研究了科学的锻炼方法，逐步创立了理论基础。以增进年轻人的健康，训练士兵的军事技能，教育学生增强体质，提高活动能力，振奋民族精神。

19 世纪末 20 世纪初，在竞技性体操迅速发展的同时，基本体操也在不断发展，丹麦的尼尔斯·布克改革了瑞典体操，形成了独具风格的丹麦基本体操，对世界许多国家产生了极大的影响。1840 年鸦片战争以后，传入中国的体操也是一些兵操、徒手体操和器械体操等内容。

20 世纪前的基本体操按社会的需求，不仅包括徒手体操、器械体操和兵式体操，还广泛包括跑、跳、投掷、游泳、举重、角力、摔跤及爬绳等练习。进入 20 世纪后，随着人类社会的进步和对体操研究的深入，内容在不断发展、演变，逐渐摒除了田径、游泳、举重、格斗等手段。

20 世纪 50 年代开始举办的体操节，是体操爱好者的节日。参加者不分性别、年龄、职业等，重在参与。其目的就是为了普及、推广体操运动。活动内容以基本体操为主，有徒手体操、简单的器械体操动作、技巧叠罗汉之类的造型动作等。1953 年在荷兰的鹿特丹举行了第 1 届世界体操节。

一、基本体操的内容

基本体操是以徒手或借助各种器械进行的各种简易练习，是发展一般身体能力的体操。其目的是锻炼身体、增进健康、增强体质、促进身体全面发展、提高工作能力等。其主要内容包括：队列队形练习、徒手体操、轻器械体操、专门器械体操等（图 2 -1）。

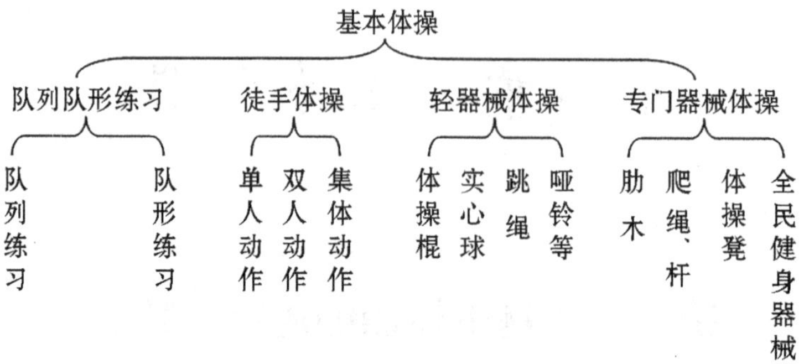

图 2 -1

二、基本体操的特点

（一）内容丰富、形式多样

徒手体操、持轻器械和在专门器械上进行的各种身体练习，可根据人体各部位的解剖结构特点，按照头颈、上肢、下肢、躯干的顺序分别编排动作。动作方法有举、振、屈、伸、转、踢、绕、绕环等。按活动的形式，有单人动作、双人动作和多人动作，可原地练习，也可行进间练习；可反复练习单节动作，也可组编成套进行练习，等等。

（二）简单易行、易于普及、具有广泛的群众基础

基本体操练习变化多样，动作有难有易，可简可繁；练习内容的多少、时间的长短、活动量的大小可自我掌控；不受场地条件的限制，因人因地制宜；不同性别、年龄、健康水平和训练水平的人都可有选择性地进行练习，能适应广大群众和青少年的需要，便于推广。它是各级各类学校体育教学的重要内容，广泛用于体育课、课间操和课外活动，也是机关、社区、工矿企业常见的健身内容。

（三）既能全面发展又能有重点发展人体机能

由于基本体操的内容丰富、形式多样，在进行练习时，合理地选择项目与内容，坚持锻炼，能全面地增强人体各器官和系统的功能，促进人体全面发展；同时，还可以根据练习者的需要，重点锻炼身体的某个（些）部位或发展某种身体素质。例如，为了防治某种疾病，可创编各种医疗保健体操；为预防某种职业病，

可创编不同生产体操；为提高某专项运动水平，可创编专项运动辅助体操；为纠正少年儿童的不良身体姿势，可创编矫正姿态的形体操等。

思考题：

1. 基本体操的内容有哪些？
2. 基本体操有哪些特点？

第二节　队列队形练习

队列队形练习是体育教学和军事训练中重要的内容和必要的形式，在一些大型活动和集会的组织中被广泛运用。在体育教学实践中，通过队列队形的操练，可使学生形成良好的体态，促进身体的正常发育；培养严格的组织性、纪律性和集体主义观念；增强动作的节奏和协同一致的集体活动能力；严密课的组织，有助于课的任务的完成。

一、队列队形练习的内容

队列队形练习分为队列练习和队形练习。

队列练习是指单人或在一定队形下的班（队）协同一致地完成队列动作。其动作严整、规范。

队形练习是指在队列练习的基础上所进行的图形行进、队形变换和方向变换。除《中国人民解放军队列条令》中的队形变换外，广大体育工作者根据体育教学实践的需要适当加以补充，形成了方便实用、丰富多变的队形练习内容。

队列练习和队形练习虽各有不同，但两者又是相互联系的。协同一致的队列动作是在一定的队形条件下实现的；而队形练习又必须运用队列动作来完成。队列练习是队形练习的基础，强调的是动作的规范化；队形练习是队列练习的排列形式，注重队形的变换。

根据《中国人民解放军队列条令》和体育教学与训练的需要，队列队形练习有如下主要内容。

（一）队列练习

1. 单人队列动作

立正、稍息；蹲下、起立；停止间转法；行进步法，立定；步法变换；行进间转法等。

2. 班（组）队列动作

集合、离散；整齐、报数；出列、入列等。

（二）队形练习

1. 图形行进

绕场行进、错肩行进、对角线行进、交叉行进、蛇形行进、圆形行进、螺旋行进、“8”字行进等。

2. 方向变换

一列横队方向变换、一路纵队方向变换、数列横队和数路纵队方向变换等。

3. 队形变换

停止间一列横队与二列横队的互换；停止间和行进间一路纵队和二路纵队的互换；停止间一列横队与三列横队的互换；行进间一路纵队与多路纵队的互换；分队走、合队走；裂队走、并队走；散开与靠拢等。

二、队列队形练习的基本术语

【列】左右并列成一条直线叫列。一般从右到左按高矮秩序排列。

【横队】由“列”组成的队形叫横队。一般队伍的横宽大于纵深。

【路】前后排列成一条直线叫路。一般从前到后按高矮秩序排列。

【纵队】由“路”组成的的队形叫纵队。一般队伍的纵深大于横宽。

【间隔】相邻两人或两队左右之间的间隙叫间隔。通常约 10 厘米（两肘之间），需要时，可调整队列人员之间的间隔。

【距离】相邻两人或两队前后之间的间隙叫距离。约 75 厘米（前一名脚跟至后一名脚尖），需要时，可调整队列人员之间的距离。

【翼】队形的左右两端叫翼。左端为左翼，右端为右翼。横队或数路纵队方向变换时，处在转弯内侧的为轴翼，另一侧为外翼。

【排头】位于纵队之首或横队右翼者叫排头。

【排尾】位于纵队之尾或横队左翼者叫排尾。

【基准】被指定作为动作的目标叫基准。

【伍】二列及二列以上横队中，前后重叠者叫伍。若各列人数相等，各伍人数等于列数叫满伍；若不相等，则为缺伍，缺伍应缺最后一列。

【步幅】一步的长度（两脚跟之间的距离）叫步幅。

【步速】单位时间（通常以每分钟记）行进的步数叫步速。

三、队列队形练习的口令

（一）口令的种类

口令是指队列队形练习时指挥员发出的口头命令。一般来讲，在一个口令中，可分为两部分：前半部分为预令，含练习时对象、队形、方向、做法等几个要素（有些只含一个或部分因素），说明动作的性质；后半部分为动令，表示动作的开始。但有些口令只有动令，根据口令下达的方法，可分为如下4种。

1. 短促口令

短促口令的特点是：只有动令，发音短促有力，无论几个字，中间不拖音，不停顿，平均分配时间，有时最后一个字拖音稍长。如："立正""稍息""报数"等。

2. 断续口令

断续口令的特点是：预令和动令之间有停顿（微歇）。如"第×名，出列""1、3、5，报数"等。

3. 连续口令

连续口令的特点是：预令和动令相连，预令拖音稍长，动令短促有力。如："向后——转""立——定"等。

4. 复合口令

复合口令兼有断续口令和连续口令的特点。如："以×××为基准，向中看——齐""左转弯，齐步——走"等。

（二）口令的下达

1. 口令要清楚、准确、洪亮，使全体队列人员都能听到，并具有号召力。

2. 口令要突出主音。如"向右——转"的"右"字，"向前×步——走"的"数字"。

3. 口令要有明显的节奏感和音色、音量的变化。停顿和拖音的长短要根据口令的种类和队伍的大小而定，队伍大，则拖音和停顿的时间稍长。音色、音量不要平均分配，一般起音要低，由低向高拔。

4. 行进间下达的动令，除向左转走、一列横队变二列横队、齐步与正步互换的动令落在左脚外，其他动令均落在右脚。

5. 指挥员下达口令时，通常要成立正姿势；纵队行进时，可以在行进间下达口令。

四、队列队形练习的场地标记

场地的标记是为了合理利用场地和方便教学而假定的，练习时充分利用这些标记，对练习者明确动作的方向、位置和路线能起到一定的辅助作用。场地的标记分为点、角、线，其方向是根据学生开始整队时自身位置而定。学生面向为上，背对为下，左侧为左，右侧为右（图 2－2）。

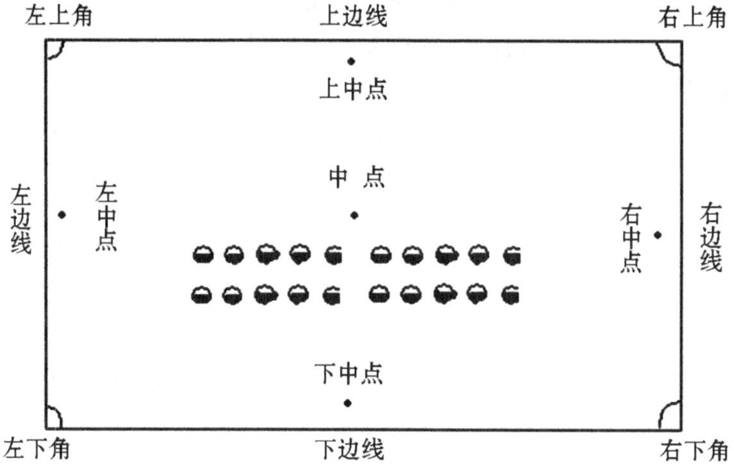

图 2－2

五、队列队形练习的基本要求

（一）对指挥员的要求

1. 仪表庄重，精神饱满，严格要求，以身作则。

2. 指挥位置适当。指挥位置应便于指挥和通视全体。通常是：停止间，在队列中央前；行进间，纵队时在左侧中央前，必要时在中央前，横队、并列纵队时在左侧前或左侧，必要时在右侧前（右侧）或者左（右）侧后。一般来讲，指挥位置应相对固定，确需变换指挥位置时，通常用跑步（5 步以内用齐步）。

3. 正确运用口令。口令是指挥员必须掌握的一项基本技能。队列队形的操练是学生执行口令的行动，正确运用口令，对组织教学有重要的作用。指挥员不仅要熟练掌握口令的下达方法，而且能运用自如。

4. 合理使用教法。队列队形的教学通常采用边讲解边示范的方法，一般先完整示范，后分解示范。示范要正确，讲解要简练，突出重点，并正确使用术语。动作的掌握必须通过反复操练，一般先分解练习，后完整练习，以集体练习为主。队形练习可先配合图示讲解要领，然后在标志线上或引导下进行练习。

（二）对练习者的要求

1. 一切行动听指挥，做到令行禁止。

2. 精力集中，严肃认真，动作迅速、正确、协调一致。

3. 因故出、入列要报告，自觉遵守队列纪律。

六、队列队形练习的基本内容与动作要领

（一）队列练习

1. 立正、稍息

（1）立　正

【口令】立正。

【要领】脚跟靠拢并齐，脚尖向外分开约60度；两腿挺直。小腹微收，自然挺胸，上体正直，微向前倾。两肩要平，稍向后张。两臂自然下垂伸直，手指并拢，自然微屈，拇指尖贴于食指第二节，中指贴于裤缝。头要正，颈要直。口要闭，下颌微收，两眼向前平视。

（2）稍　息

【口令】稍息。

【要领】左脚顺脚尖方向伸出约全脚三分之二，两腿自然伸直。上体保持立正姿势，身体重心大部分落在右脚。稍息过久，可自行换脚。

2. 蹲下、起立

（1）蹲　下

【口令】蹲下。

【要领】右脚后退半步，前脚掌着地，臀部坐在右脚跟上（膝盖不着地）。两腿分开约60度。手指自然并拢放在两膝上，上体保持正直，蹲下过久，可自行换脚。

（2）起　立

【口令】起立。

【要领】全身协力迅速站起，成立正姿势。

3. 停止间转法

（1）向右（左）转

【口令】向右（左）——转。

【要领】以右（左）脚跟为轴，右（左）脚跟和左（右）脚掌前部同时用力，使身体协调一致向右（左）转90度，重心落在右（左）脚，左（右）脚取捷径迅速靠拢右（左）脚，成立正姿势。转体和靠脚时，两腿挺直，上体保持立正姿势。

半面向右（左）转，按向右（左）转的要领转45度。

【教法】先分解练习，配合口令“一、二练习”，“一”转体“二”并脚，两拍完成动作，再完整练习。

（2）向后转

【口令】向后——转。

【要领】按照向右转的要领向后转180度。

4. 行进步法

（1）齐　步

【口令】齐步——走。

【要领】左脚向正前方迈出约75厘米，按照先脚跟后脚掌的顺序着地，同时身体重心前移，右脚照此法动作。上体正直，微向前倾。手指轻轻握拢，拇指贴于食指第二节。两臂前后自然摆动，向前摆臂时，肘部弯曲，小臂自然向里合，手心向内稍向下，拇指根部对正衣扣线，并与最下方衣扣同高，离身体约25厘米。向后摆臂时，手臂自然伸直，手腕前侧距裤缝线约30厘米。步速每分钟116~122步。

【教法】先原地摆臂练习，再完整练习。

（2）正　步

【口令】正步——走。

【要领】左脚向正前方踢出约75厘米（腿要绷直，脚尖下压，脚掌与地面平行，离地面约25厘米），同时重心前移，适当用力使全脚掌着地，右脚照此法动作。上体正直，微向前倾；手指轻轻握拢，拇指伸直贴于食指第二节。向前摆臂时，肘部弯曲，小臂略成水平，手心向内稍向下，手腕下沿摆到高于最下方衣扣约10厘米处，离身体约10厘米。向后摆臂时（手心向内），手腕前侧距裤缝线约30厘米。步速每分钟110~116步。

【教法】（1）分解练习。先原地摆臂和踢脚压脚（背手做），然后腿臂配合的分解练习。（2）限制性练习。在地上画出相距约75厘米的标志线，进行踏线练习，统一步幅。（3）完整练习。

(3) 跑 步

【口令】跑步——走。

【要领】听到预令，两手迅速握拳（四指卷握，拇指贴于食指第一关节和中指第二节），提到腰际，拳心向内，肘部稍向里合。听到动令，上体稍向前倾，两腿稍屈，同时左脚利用右脚掌的蹬力跃出约 85 厘米，前脚掌着地，身体重心前移，右脚照此法动作。两臂前后自然摆动，向前摆臂时，大臂略直，肘部贴于腰际，小臂略平，稍向里合，两拳内侧各距衣扣线约 5 厘米。向后摆臂时，拳贴于腰际。步速每分钟 170 ~ 180 步。

【教法】先分解练习。开始练习听到预令后握拳提至腰际动作，然后两脚前后开立配合口令“一、二”练习摆臂。再完整练习。练习时多以纵队形式进行。

(4) 踏 步

【停止间口令】踏步——走。

【行进间口令】踏步。

【要领】两脚在原地上下起落（抬起时，脚尖自然下垂，离地面约 15 厘米。落下时，前脚掌先着地）。上体保持正直，两臂按照齐步或者跑步的摆臂要领摆动。踏步时，听到“前进”的口令，继续踏两步，再换齐步或跑步行进。

(5) 便 步

【口令】便步——走。

【要领】用适当的步速、步幅行进，两臂自然摆动，上体保持良好姿态。

(6) 移步（5 步以内）

① 右（左）跨步

【口令】右（左）跨 × 步——走。

【要领】上体保持正直，每跨 1 步并脚一次，其步幅约与肩同宽，跨到指定步数停止。

② 向前或后退

【口令】向前 × 步——走。后退 × 步——走。

【要领】向前移步时，应当按照单数步要领进行（双数步变为单数步）。向前 1 步时，用正步，不摆臂。向前 3 ~ 5 步时，按照齐步走的要领进行。向后退时，从左脚开始，每退 1 步靠脚一次，不摆臂，退到指定步数停止。

5. 立 定

【口令】立——定。

【要领】齐步和正步时，听到动令，左脚向前大半步着地（脚尖向外约 30

度），两腿挺直，右脚取捷径迅速靠拢左脚，成立正姿势。跑步时，听到动令，再跑2步，然后左脚向前大半步（两拳收于腰际，停止摆动）着地，右脚靠拢左脚，同时将手放下，成立正姿势。踏步时，听到动令，左脚踏1步，右脚靠拢左脚，原地成立正姿势（跑步的踏步，听到动令，继续踏2步，再按照上述要领进行）。

【教法】结合各种步法，分别进行练习。

6. 步法变换（步法变换均从左脚开始）

【要领】

（1）齐步、正步互换：听到动令，右脚继续走1步，即换正步或者齐步行进。

（2）齐步换跑步：听到预令，两手迅速握拳提到腰际，两臂前后自然摆动。听到动令，即换跑步行进。

（3）齐步换踏步：听到动令，即换踏步。

（4）跑步换齐步：听到动令，继续跑2步，然后换齐步行进。

（5）跑步换踏步：听到动令，继续跑2步，然后换踏步。

（6）踏步换齐步或者跑步：听到“前进”的口令，继续踏2步，再换齐步或跑步行进。

7. 行进间转法

（1）齐步、跑步向右（左）转

【口令】向右（左）转——走。

【要领】左（右）脚向前半步（跑步时，继续跑2步，再向前半步），脚尖向右（左）约45度，身体向右（左）转90度时，左（右）脚不转动，同时出右（左）脚按原步法向新方向行进。

半面向右（左）转走，按照向右（左）转的要领转45度。

【教法】先分解练习，后完整练习。先练齐步转法，再练跑步转法。

（2）齐步、跑步向后转

【口令】向后转——走。

【要领】左脚向右脚前迈出约半步（跑步时，继续跑2步，再向前半步），脚尖向右约45度，以两脚的前脚掌为轴，向后转180度，出左脚按原步法向新方向行进。

【教法】同“向右（左）转走”。

8. 集合、离散

（1）集　合

【口令】成×列（路）横（纵）队——集合。

【要领】集合时，指挥员应当先发出预告或信号，如“全体注意”，然后，站在预定队形的中央前，面向预定队形成立正姿势，下达“成×××队——集合”的口令。学生听到预告或信号，原地面向指挥员成立正姿势。听到口令后，跑步到指定位置面向指挥员集合（在指挥员后侧的学生，应从指挥员的右侧绕过），基准学生迅速到指挥员前方适当位置，其他学生以基准学生为准，按要求的队形依次排列，自行对正、看齐，成立正姿势。

（2）离　散

① 离开

【口令】各班（组）带开（带回）。

【要领】听到口令后，队列中的各班（组）指挥员带领本班（组）迅速离开原队列位置。

② 解散

【口令】解散。

【要领】听到口令后，队列中的学生迅速离开原队列位置。

9. 整齐、报数

（1）整　齐

① 向右（左）看齐、向前看

【口令】向右（左）看——齐。向前——看。

【要领】听到“向右（左）看——齐”的口令后，基准学生不动，其他学生向右（左）转头，眼看右（左）邻学生的腮部，前四名能通视基准学生，自第五名起，以能通视到本人以右（左）3 人为度。后列学生先向前对正，后向右（左）看齐。听到“向前——看”的口令后，迅速将头转正，恢复立正姿势。

② 向中看齐

【口令】以×××为准，向中看——齐。向前——看。

【要领】当指挥员指定“以×××为准（或者以第×名为准）”时，基准学生答“到”，同时左手握拳高举，上臂前伸与肩略平，前臂垂直举起，拳心向右。听到“向中看——齐”的口令后，其他学生按照向右（基准学生左侧的学生）和向左（基准学生右侧的学生）看齐的要领实施。听到“向前——看”的口令后，基准学生迅速将手放下。其他学生迅速将头转正，恢复立正姿势。

一路纵队看齐时，可以下达“向前——对正”的口令。

（2）报　数

【口令】报数。

【要领】横队从右至左（纵队由前向后）依次以短促洪亮的声音转头（纵队向左转头）报数，报数后头立即转正，最后一名不转头。数列横队时，后列最后一名报“满伍”或者“缺×名”。

10. 出列、入列

出、入列通常用跑步（5 步以内用齐步，1 步用正步），或者按照指挥员指定的步法执行。然后进到指挥员右侧适当位置或者指定位置，面向指挥员成立正姿势。

（1）单人出列、入列

【口令】×××（或第×名），出（入）列。

【要领】出列学生听到点自己姓名或者序号后应当答“到”，听到“出列”的口令后，应当答“是”。位于第一列（左路）的学生，取捷径出列。位于中列（路）的学生，向后（左）转，待后列（左路）同序号的学生向右后退 1 步（左后退 1 步）让出缺口后，从队尾（纵队时从左侧）出列。位于“缺口”位置的学生，待出列学生出列后，即复原位。位于最后一列（右路）的学生出列，先退 1 步（右跨 1 步），从队尾出列。听到“入列”口令后，应当答“是”，然后按照出列的相反程序入列。

（2）班（队）出（入）列

【口令】第×组（列、路），出（入）列。

【要领】听到“第×组（列、路）”的口令后，由出列组（列、路）的指挥员答“到”，听到“出列”的口令后，由出列组（列、路）的指挥员答“是”，并用口令指挥本组（列、路）以纵队形式从队尾（位于第一列的组取捷径）出列。听到“入列”的口令后，由出列组（列、路）的指挥员答“是”，并用口令指挥本组（列、路）以纵队形式从队尾（位于第一列的组取捷径）入列。

（二）队形练习

1. 图形行进

（1）绕场行进（图 2－3）

【停止间口令】绕场行进，齐（跑）步——走。

【行进间口令】绕场行进——走。

【要领】排头带领绕场地边线逆时针方向行进，每到一角，自动左转弯。

（2）错肩行进（图 2－4）

【停止间口令】从右（左）边，齐（跑）步——走。

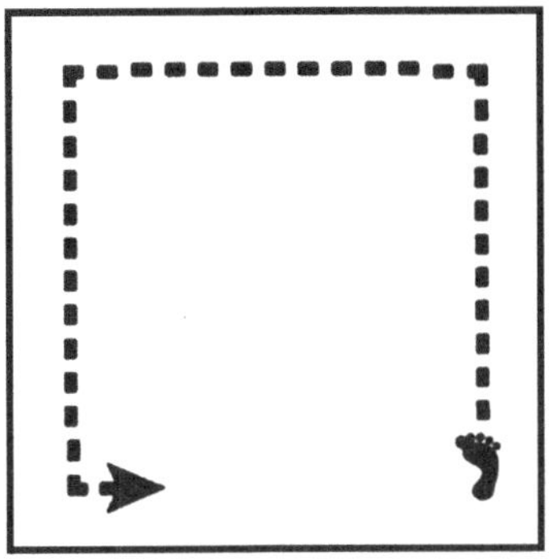

图2－3

图2－4

【行进间口令】从右（左）边——走。

【要领】左右两路即将相遇时，指挥员下达口令，听到动令，各路均以本队前进方向的右（左）边行进，相错左（右）肩，相隔一步，继续绕场地边线行进。

（3）对角线行进（图2－5）

【停止间口令】对角线行进，齐（跑）步——走。

【行进间口令】对角线行进——走。

【要领】当排头走近场地一角时，指挥员下达口令，听到动令，排头带领转弯面向相对一角，沿对角线行进，到达对角后，自动转弯绕场行进。

（4）交叉行进（图2－6）

【停止间口令】交叉行进，齐（跑）步——走。

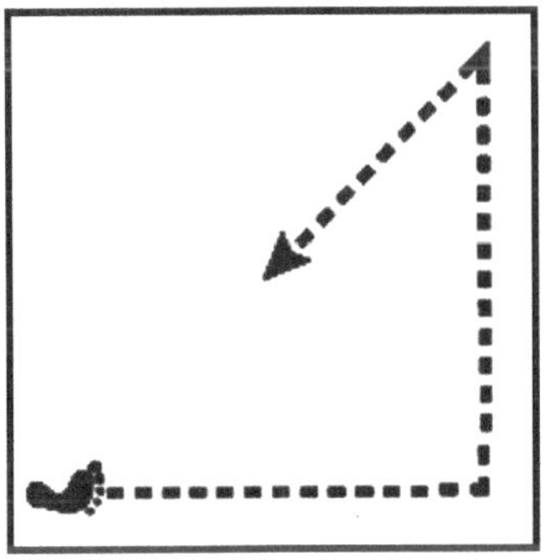

图2－5

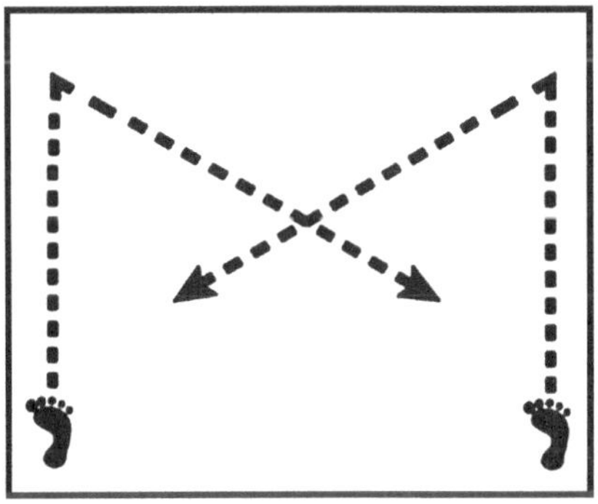

图2－6

【行进间口令】交叉行进——走。

【要领】沿左右边线行进的两路，当排头走近场地一角时，指挥员下达口令。听到动令，由排头带领转弯面向相对一角，沿对角线行进，并拉开一定距离，行至中点相交时，左先右后依次穿插通过。到达对角后，各路向场外方向转弯，沿场地边线行进。

(5) 蛇形行进（图2-7）

【停止间口令】蛇形行进，齐（跑）步——走。

【行进间口令】蛇形行进——走。

【要领】一路纵队行进，听到动令，排头带领，按左后转弯和右后转弯的要领，往返两次以上，形成蛇形队形。

【教法】引导练习或在标志线上练习。

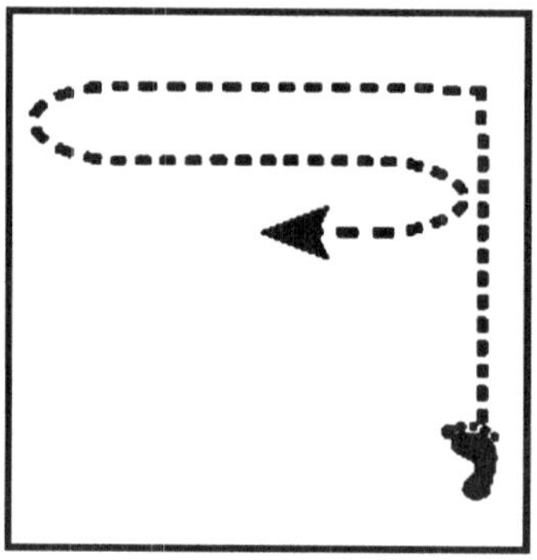

图2-7

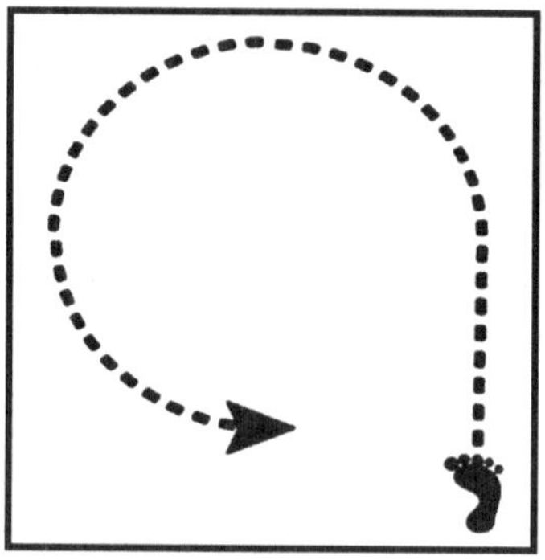

图2-8

(6) 圆形行进（图2-8）

【停止间口令】圆形行进，齐（跑）——走。

【行进间口令】圆形行进——走。

【要领】纵队行进，听到动令，排头带领，按确定的圆心和半径（根据队伍的长短而定）向左弧形行进，自动调整步幅和距离，直至队伍首尾相接，形成圆形。待指挥员下达改变队形的口令后，由排头带领执行口令。

【教法】引导练习或在标志线上练习。练习时，应提示学生观察队形，调整步幅、距离和半径。

(7) 螺旋行进

【停止间口令】螺旋行进，齐（跑）步——走。

【行进间口令】螺旋行进——走。

【要领】一路纵队行进，听到动令，排头带领，绕圆心向左弧形行进，并逐步缩短半径，行至中心点（不能再前进时）自动右后转弯，在队伍中间反方向行进，此种螺旋为开口螺旋（图 2－9）；当排头行至中心点时，也可下达“向后转——走”的口令，排尾变排头，反方向行进，此种螺旋为闭口螺旋。

【教法】初学时，可手拉手练习，可防止队伍错乱。引导下练习或在标志线上练习。

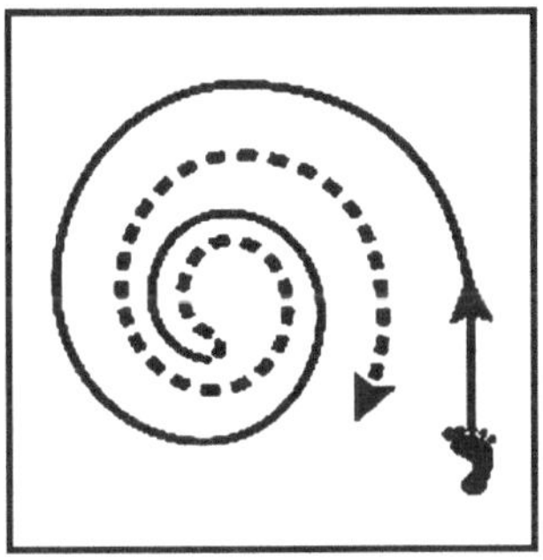

图 2－9

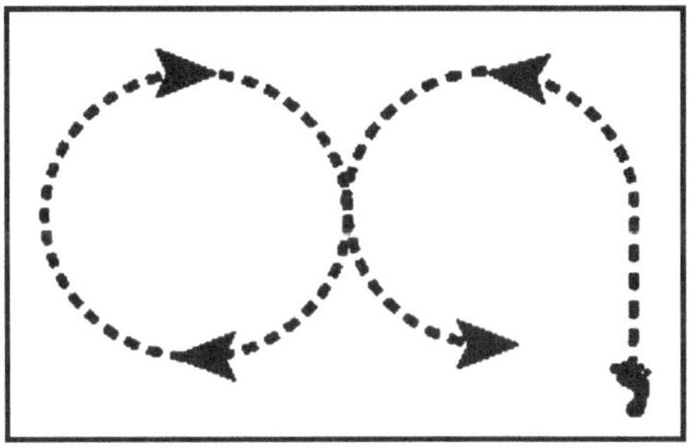

图 2－10

（8）“8”字行进（图 2－10）

【停止间口令】“8”字行进，齐（跑）步——走。

【行进间口令】“8”字行进——走。

【要领】一路纵队行进，听到动令，排头带领，左转弯弧形行进，行至中点（两圆接点）时，右转弯圆形行进，再至中点时，队伍依次穿插通过，左转弯圆形行进，队伍首尾相接，形成“8”字。“8”字的大小根据队伍的长短而定。待指挥员挥员下达改变队形的口令后，由排头带领执行口令。

2. 方向变换

（1）一列横队方向变换

【停止间口令】左（右）转弯，齐（跑）步——走。或：左（右）后转弯，齐（跑）步——走。

【行进间口令】左（右）转弯——走。或：左（右）后转弯——走。

【要领】听到动令，轴翼学生踏步，并逐渐向左（右）转动，外翼学生绕轴翼大步行进；逐渐变换方向，其他学生用眼睛的余光向外取齐，越接近轴翼者，其步幅越小，并保持规定间隔和排面整齐，转到 90 度或者 180 度时，踏步并取齐，听口令前进或者停止。

（2）一路纵队方向变换

【停止间口令】左（右）转弯，齐（跑）步——走。或：左（右）后转弯，齐（跑）步——走。

【行进间口令】左（右）转弯——走。或：左（右）后转弯——走。

要领：排头用小步边行进边变换方向，转到 90 度或 180 度后，照直前进，其他学生逐次进到排头转弯处，转向新方向跟进。

（3）数列横队和数路纵队方向变换

【停止间口令】左（右）转弯，齐（跑）步——走。或：左（右）后转弯，齐（跑）步——走。

【行进间口令】左（右）转弯——走。或：左（右）后转弯——走。

【要领】第一列轴翼学生停止间用踏步，行进间用小步，外翼学生绕轴翼大步进行，保持排面整齐，边行进边变换方向，转到 90 度或者 180 度后，听口令前进或停止。后续各列按照上述要领。保持间隔、距离，取捷径进到前一列转弯处，转向新方向跟进。

3. 队形变换

（1）停止间一列横队与二列横队互换

【口令】成二列横队——走（图 2－11）。

间隔 1 步，向左散开。成一列横队——走（图 2－12）。

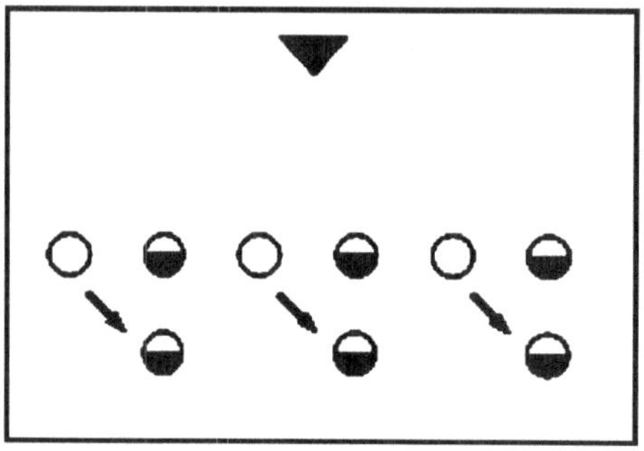

图 2－11

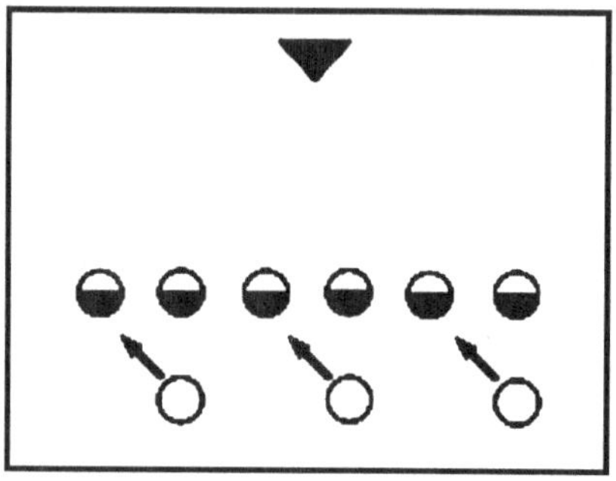

图 2－12

【要领】一列横队变二列横队前，先报数。听到“成二列横队——走”的口令，双数学生右脚向右后方退 1 步，左脚靠拢右脚，站到单数学生之后，自行对正、看齐。二列横队变一列横队时，听到“间隔1步，向左散开”的口令，取好间隔。当听到“成一列横队——走”的口令，后列学生左脚向左前方迈1步，右脚靠拢左脚，站到前列学生左侧，自行看齐。

(2) 停止间一路纵队与二路纵队互换

【口令】成二路纵队——走（图2－13）。

距离2步，向后散开。成一路纵队——走（图2－14）。

【要领】一路纵队变二路纵队前，先报数。听到“成二路纵队——走”的口令，双数学生右脚向右前方迈1步，左脚靠拢右脚，站到单数学生的右侧，自行对正、看齐。二路纵队变一路纵队时，听到“距离2步，向后散开”的口令，取好距离。听到“成一路纵队——走”的口令，右路学生左脚向左后方退1步，右脚靠拢左脚，站到左侧学生之后，自行对正。

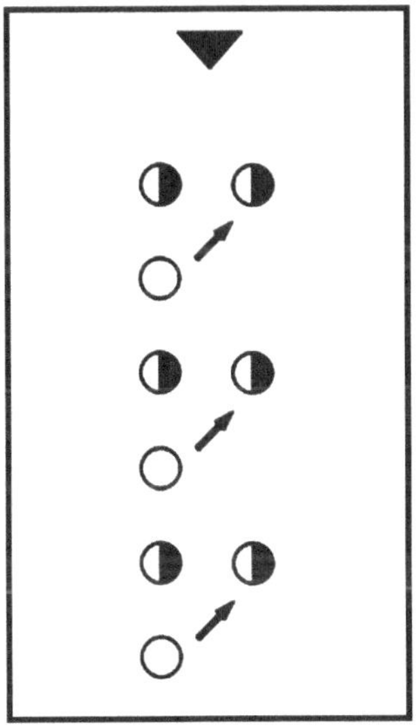

图2－13

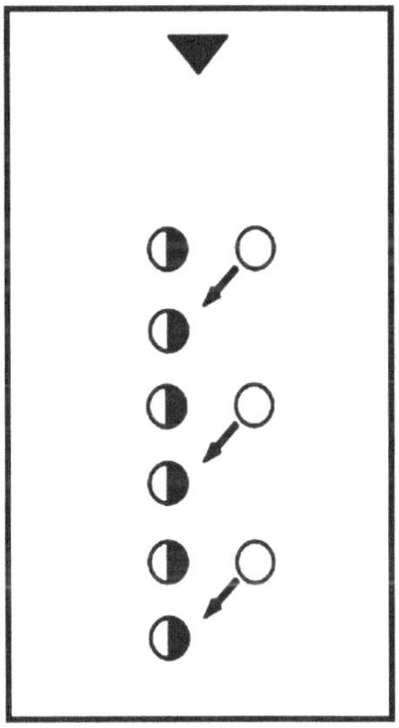

图2－14

(3) 行进间一路纵队与二路纵队互换

【口令】成二路纵队——走。成一路纵队——走。

【要领】一路纵队变二路纵队时，先报数，听到“成二路纵队——走”的口令，单数学生小步行进，双数学生出右脚进到单数学生右侧，成二路纵队，调整好间隔和距离，恢复原步幅继续行进。听到“成一路纵队——走”的口令后，左路排头按原步幅行进，其余小步行进，待左路加大到适当距离后，右路学生依次插入左路学生之后，成一路纵队行进。

(4) 停止间一列横队与三列横队互换

【口令】成三列横队——走。(图 2 - 15)

间隔 2 步，向左散开。成一列横队——走。(图 2 - 16)

【要领】一列横队变三列横队时，先 1 至 3 报数，听到“成三列横队——走”的口令，1 数学生左脚向左前方迈一步，右脚靠拢左脚，站在 2 数学生之前，3 数学生右脚向右后方退一步，左脚靠拢右脚，站在 2 数学生之后；然后自行对正、看齐。三列横队变一列横队时，听到“间隔 2 步，向左散开”的口令，取好 2 步间隔，听到“成一列横队——走”的口令，第一列和第三列按一列变三列的相反方向和动作，分别插入第二列学生的两侧，自行看齐。

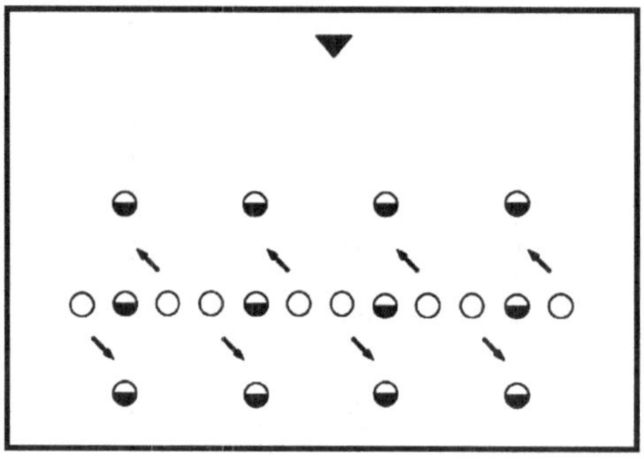

图 2 - 15

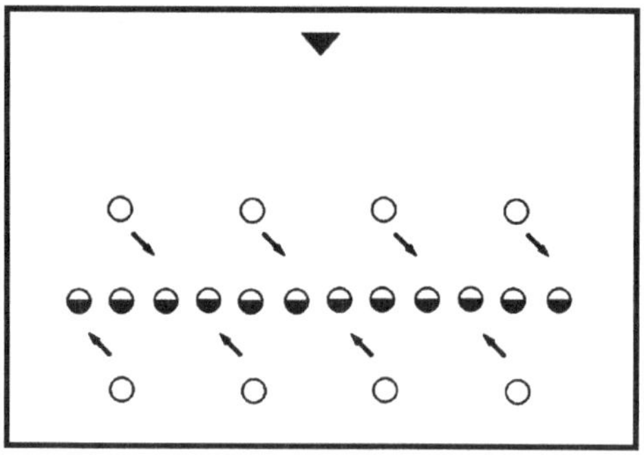

图 2 - 16

(5) 行进间一路纵队与多路纵队互换

【口令】成 × 路纵队，向左（右）转——走。(图 2 - 17)

成一路纵队，向右（左）转——走。(图 2 - 18)

【要领】一路纵队行进时，听到“成 × 路纵队，向左（右）转——走”的口令（四路以上先报数），前 × 名学生同时向左（右）转，以小步行进，后续 × 名学生进到前几名学生转体位置后，自动向左（右）转，跟进对齐，依此类推。然后恢复原步幅行进。数路纵队行进时，听到“成一路纵队，向右（左）转——走”的口令，各路排头（第一列）同时向右（左）转，大步行进，后续各列进到前列转体位置后，自动向右（左）转，跟进对齐。然后恢复原步幅行进。

图 2－17

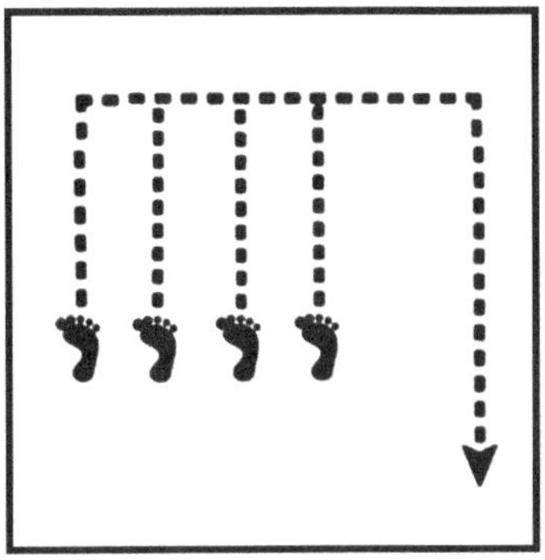

图 2－18

（6）分队走、合队走

【口令】分队——走。（图 2－19）

合队——走。（图 2－20）

【要领】一路纵队中场行进，听到“分队——走”的口令，排头左转弯，第二名在排头转弯处右转弯，后续学生依此跟进，形成左右两路纵队分头绕场地边线行进。两路纵队行将迎面相遇时，下达“合队——走”的口令，左路学生左转弯，右路学生右转弯，并依次插入左路学生之后，成一路纵队行进。

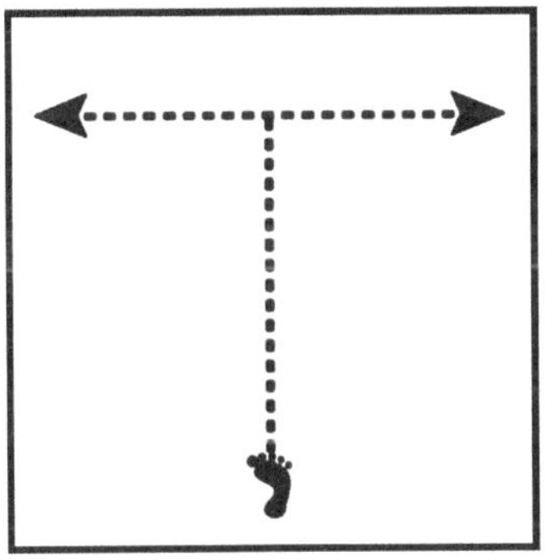

图 2－19

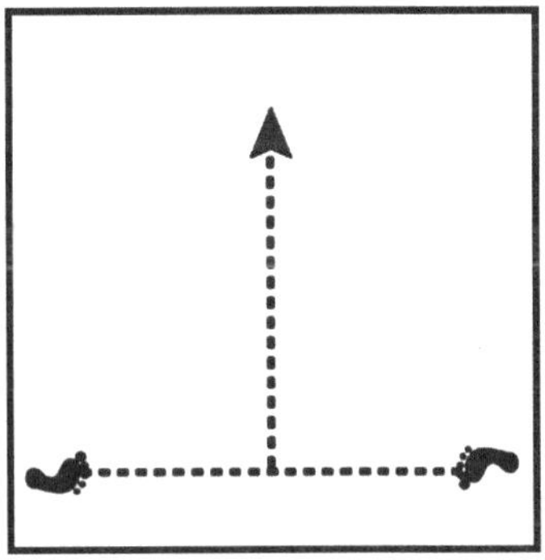

图 2－20

（7）裂队走、并队走

【口令】裂队——走。（图 2－21）

并队——走。（图 2－22）

【要领】二路纵队中场行进，听到“裂队——走”的口令，左路左转弯，右路右转弯，分头绕场地边线行进。两路纵队行将迎面相遇时，下达“并队——走”的口令，两路纵队向场内转弯，并列成二路纵队行进。

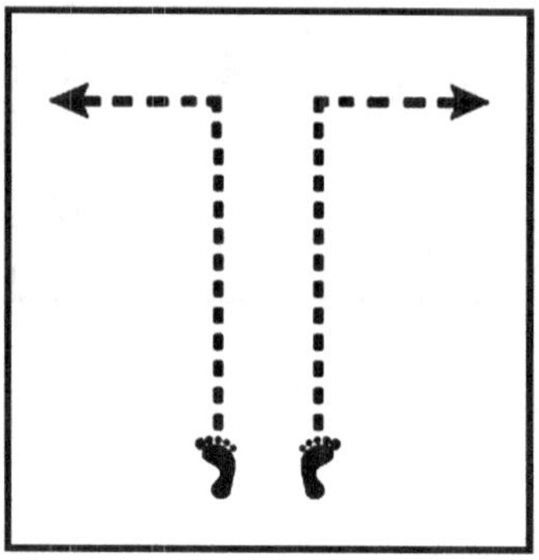

图 2－21

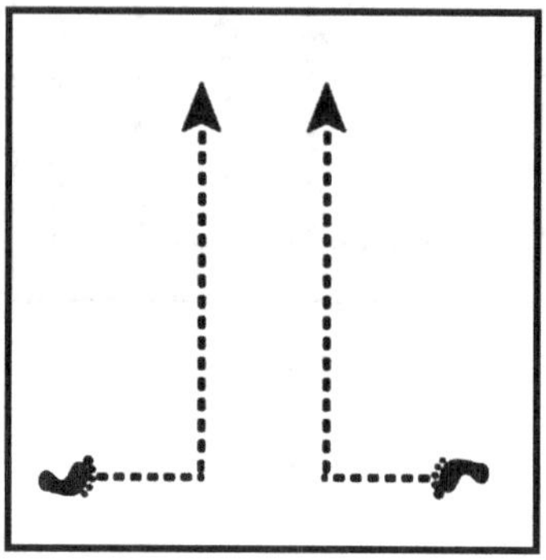

图 2－22

(8) 散开与靠拢

散开是扩大队伍的间隔和距离，变密集型队形为疏散型队形。靠拢是缩小队伍的间隔和距离，变疏散型队形为密集型队形。

① 一列横队向两侧（左、右）散开与靠拢

【口令】以×××（排头、排尾）为准，间隔×步（臂）——散开。

以×××为准，向中看——齐。或：向右（左）看——齐。

【要领】当指挥员下达“以×××为准”时，基准学生原地不动，按基准学生的要求做手势。听到“散开”的口令，基准学生迅速将手放下，其余学生迅速跑步或移步散开，按规定的间隔定位，自行看齐，成立正姿势。听到“看齐”的口令，基准学生按要求做动作，其余学生迅速跑步靠拢，自行看齐。

② 一列横队的梯形散开与靠拢（以一列与三列梯形横队互换为例）

【口令】成三列梯形横队——走。(图 2－23)

成一列横队——走。

【要领】变换前，先 1、3、5，报数。听到“成三列梯形横队——走”的口令，各自按所报的数字向前走×步（即报几的走几步），成三列梯形横队。听到“成一列横队——走”的口令，先向后转，再按各自所报的数字向前走×步，回到原位，然后同时向后转，成一列横队，自行看齐。

③ 数列（路）横（纵）队的散开与靠拢

【口令】以×××为准，间隔×步（臂），距离×步（臂）——散开。

向中看——齐。或：向右（左）看——齐。

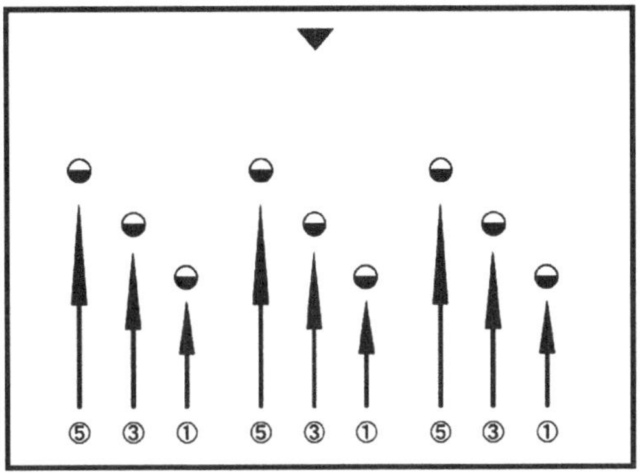

图2－23

【要领】当指挥员下达“以×××为准”时，基准学生按要求做动作，听到“散开”的口令，基准学生迅速将手放下，其余学生迅速跑步或移步散开，按规定的间隔、距离定位，自行对正标齐，成立正姿势。听到“看齐”的口令，基准学生同样按要求做动作，其余学生迅速跑步靠拢，对正、看齐。

数列（路）横（纵）队的散开与靠拢，可用“分列式”的散开与靠拢作为表演的入场式。其方法是：

场外一角背对场地集合整队，先由前向后报数，再各列报数（若在场地的右角，则从右向左报数。若在场地的左角，则从左向右报数），记住自己的纵队数和横队数，然后乘二减一就是散开时所走的步数。然后向后转，前进步数的计算从第一列的边线开始。下达“成分列式——散开”的口令。听到动令后，第一列走两步后，第二列再走，依次前后散开。然后向左转，同样继续依次左右散开。或者所有的学生同时走，走完各自的步数停止。行进时，步调一致，排面整齐，同时转体。停止后稍做调整，对正标齐。靠拢时，下达“以右翼为准，向右看——齐”的口令。也可采用其他形式看齐或退场。

分列式入、退场也可采用事先丈量场地（可在场地上事先做好标记），设计好出场的位置、队形、行进步数、行进步法、口令、口号等，反复排练，在正式比赛或表演时按规定和要求入、退场。

思考题：

1. 根据队列队形口令下达的方法，其口令分哪几种？各有什么特点？
2. 下达队列队形口令时应注意哪些问题？
3. 队列队形练习时，对指挥员的要求有哪些？
4. 队列队形练习时，对练习者的要求有哪些？

第三节　徒手体操

徒手体操是以徒手的形式，由身体各部位所组成的单个、单节和成套动作的操练。其形式简便，动作多变，不受性别、年龄、健康状况、场地器材和气候等条件的限制，运动量也便于调节，易于开展。徒手体操是大众健身和体育教学与训练中的基本内容。

一、徒手体操的基本术语

徒手体操术语是说明徒手体操动作的专门用语，正确地运用术语，有助于教学工作的顺利进行，有助于学生正确理解和掌握动作。由于轻器械体操是在徒手体操的基础上手持体操棍、哑铃等轻器械进行的身体练习，除握器械的方法、人与器械的关系及配合外，徒手体操术语同样适用于轻器械体操练习。本节主要说明徒手体操动作方向术语和动作方法术语。

（一）动作方向术语

动作方向是指人体或人体某一部分运动的指向或所处的方位。动作方向是相对于人体直立时方位来确定的。绝大多数徒手体操动作，是以动作开始的指向来确定动作的方向。上体方位改变后，动作的方向是相对直立时的方位来确定的，四肢动作的方向是与直立时上体所处的方位关系来确定的。倒立时前、后的方向与直立的方向相反（图2－24）。动作转体后，按动作转体后所处的方位来确定动作的方向。

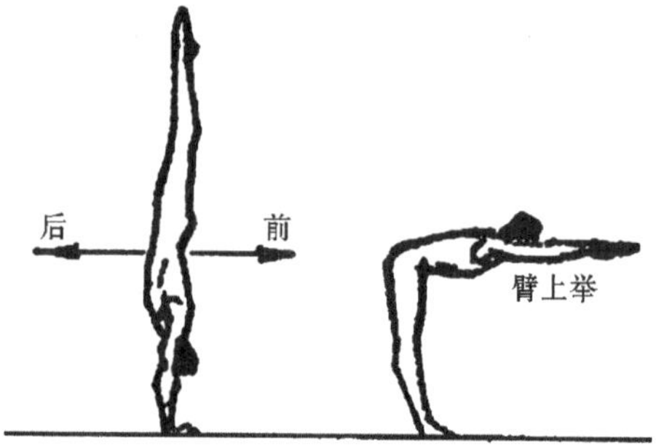

图2－24

1. 基本方向

基本方向是指动作的指向与人体运动的基本平面平行或垂直的指向。基本方向有前、后、左、右、上、下、内、外。人体直立时，胸对的方向为前，反之为后；人体左侧所对的方向为左，反之为右；头顶所对的方向为上，反之为下；四肢的开始运动指向人体的正中线为内，反之为外。

2. 中间方向

中间方向是指两个互成 90 度的基本方向之间（与基本方向成 45 度角）的方向。如前上、前下、侧上、侧下、前侧等。（图 2－25）

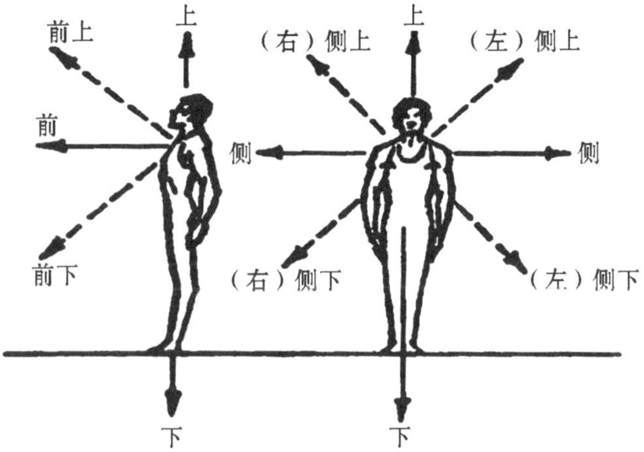

图 2－25

3. 斜方向

斜方向是指三个互成 90 度的基本方向之间的方向。如前侧上、前侧下、后侧下等。

（二）动作方法术语

【立】腿伸直的站立姿势。如直立、开立、前掌立（起踵立）、单脚立等。

【蹲】屈膝站立的姿势。膝关节大于或等于 90 度角的站立姿势为半蹲。膝关节小于 90 度角的站立姿势为全蹲。

【弓步】两腿分开一大步，一腿屈膝，另一腿伸直的站立姿势。如右（右）前弓步、左（右）侧弓步等。

【跪】屈膝，以膝和（或）小腿前侧着地的姿势。

【坐】屈髋，以臀部和（或）腿后部着地的姿势。如屈体坐、锐角坐、跪坐等。

【卧】身体或上体躺在地上的姿势。如俯卧、仰卧、直角仰卧等。

【撑】手或手和身体其他部分支撑在地上的姿势。如俯撑、仰撑、蹲撑、分腿屈体立撑等。

【平衡】一脚站立，另一腿举起（一般脚应超过肩水平面），身体保持一定时间的静止姿势。如俯平衡、侧平衡等。

【出】一脚向某一方向迈出一步的动作。如左脚侧出一步成开立。

【举】四肢在 180 度平面内移动至某一方位上停止不动的姿势。

【屈】弯曲或缩小身体关节角度的动作。如体前屈、体侧屈、臂肩侧屈等。

【伸】身体关节伸直或扩展的动作。

【振】臂或上体急速地做富有弹性的动作。如臂上举后振等。

【踢腿】一腿站立，另一腿由低向高做加速有力的摆动动作。如右腿前踢等。

【绕】身体某一部分在一平面内（或圆锥形内）活动范围大于 180 度、小于 360 度的弧形动作。如臂向内绕至侧上举等。

【绕环】身体某一部分在一平面内（或圆锥形内）活动范围在 360 度或 360 度以上的圆形动作。如臂向前绕环、臂向外绕环、臂（上举开始）向前绕环至前举等。

【倾】上体伸直，偏离垂直面 45 度左右的动作。如上体右侧倾等。

【跳】脚蹬离地面，使身体腾空至落地的动作。如分腿挺身跳等。

二、徒手体操动作的记写

（一）记写内容

成套徒手体操是由若干单节徒手体操所组成，单节徒手体操的记写内容有：动作节序、动作名称、动作节拍、动作图解、动作做法、要求及注意事项等。在这些记写内容中，动作图解和动作做法的记写内容多，有其基本的规律和要求。

（二）记写要求

1. 动作名称的命名

单节操的名称是依据操的目的和动作的性质来命名。也就是说采用什么方法，活动什么部位，达到什么目的。一般来讲，一节操是多个身体部位的参与和多种活动方法的综合，动作名称的命名有下列几种。

（1）按身体主要运动部位命名。如颈部运动、四肢运动、腹背运动、胸部运动等。

（2）按主要动作方法命名。如伸展运动、跳跃运动、下蹲运动、平衡运动等。

（3）综合命名。体侧运动、体转运动、踢腿运动、全身运动、整理运动等。

2. 动作图解

（1）图解要生动、形象、直观，比例协调。

（2）图解的形式通常用单线图或双线图，公开的出版物，可用影像图片。

（3）图解要与文字表达相一致。正面图不能清楚表达时，须加侧面图。动作路线较长或有方向变化时，须用线条、箭头标明。

3. 动作做法

（1）动作做法的记写是用规范术语完整记写动作的开始姿势（预备姿势）、动作部位、动作方向、动作形态、动作方法、结束姿势等。这些也是构成徒手体操动作术语的基本要素。

（2）多数情况下每拍动作会有身体的多个部分同时参与，一般是自下而上，按下肢—上肢—躯干和头部的顺序记写，并用“同时”说明。动作路线较长、有方向变化时，须用“经”“至”指明。

（3）当后一拍动作完全按原路线回到前一拍动作的结束姿势时，可用“还原成……”代替后一拍的记写。

（4）当后若干拍动作与前若干拍动作完全相同时，可用“×～×拍同×～×拍”代替后若干拍动作的详细记写。若局部不同，也应说明。

（5）记写中的省略。每节操的第一个动作须说明开始姿势。其余动作的开始姿势可省略。当上、下肢所经过的路线为最短路线时，动作方向通常可省略。属于做操时身体基本姿态的一般特征的可省略。如直臂、直腿等。两臂同时做动作时，“两”字可省略。

（三）徒手体操记写举例

（见本章第九节“基本体操成套动作实例”）

三、徒手体操的基本动作

（一）徒手体操的动作分类

徒手体操的内容非常丰富。分类的依据不同，得出不同的分类结果。（表2－1）

表2－1　徒手体操的动作分类

按解剖部位分	按完成动作的方法分																				按活动形式分	按动作性质分
	举	摆	摆动	振	绕	绕环	屈	伸	压	踢	立	蹲	弓步	出	跳	转	倾	坐	卧	撑		
上肢动作	√	√	√	√	√	√	√	√	√												单人动作 双人动作 集体动作	伸展练习 力量性练习 柔韧性练习 速度性练习 放松性练习
下肢动作	√	√	√	√	√	√	√	√	√	√	√	√	√	√								
头颈动作			√	√	√					√												
躯干动作		√	√	√	√	√				√	√											
其他									√	√	√											

（二）徒手体操的内容

1. 单人动作

（1）头颈动作

屈：前（后）屈、左（右）屈。

转：左（右）转。

绕环：向左（右）绕环。

（2）上肢动作

举：前举、上举、侧举；前下举、前侧举；前侧下举、后侧下举、侧上举等。

振：上举后振、侧举后振、胸前平屈后振等。

屈：胸前平屈、肩侧屈、两手叉腰等。

伸：胸前平屈向前伸、肩侧屈向上伸、肩侧屈向侧伸等。

绕和绕环：臂上举和下垂姿势开始，做向前、向后、向内、向外、向左、向右的绕和绕环；臂侧举姿势开始，做向上、向下的绕和绕环；臂前举开始，做向上、向下绕和绕环等。

（3）躯干动作

屈：上体前（后、侧）屈、上体左前屈、上体前平屈等。

转：上体左（右）转。

绕环：上体向左（右）绕环。

倾：上体向前（后、左、右）倾。

振：上体前（侧、后）屈振。

(4) 下肢动作

立：直立、开立（左右、前后）、起踵立、点地立等。

举：左（右）腿前（侧、后）举；左（右）腿前（侧）下举等。

踢：左（右）腿前（侧、后）踢等。

屈：左（右）腿屈膝后踢、左（右）腿屈膝上提等。

伸：左（右）腿屈膝上提向前伸；左（右）腿屈膝侧提向侧下伸；左（右）腿屈膝后举向后伸等。

绕环：左（右）腿向左（右）绕环等。

弓步：前（侧、后）弓步、前斜弓步。

蹲：并腿全（半）蹲、分腿半蹲等。

跪：跪立、跪坐、跪撑、一腿跪另一腿屈膝前点地等。

出：左（右）脚侧（前、后）出等。

跳：单（双）脚跳、分腿跳、交换腿跳等。

坐：并腿坐、分腿坐、屈腿坐、坐撑等。

(5) 其他动作

撑：俯撑、侧撑、仰撑、跪撑等。

卧：俯卧、侧卧、仰卧、卧撑等。

2. 双人动作

双人动作是在单人动作基础上，利用二人相互配合做动作的方式，提高练习要求和兴趣。做双人动作时，二人的相互位置，根据动作的做法有二人面对、二人背对、二人侧对和二人同向重叠站立等。运动的部位仍同单人动作，根据二人相互用力的方法可分为三种类型的动作。

(1) 助力性动作

即一人帮助另一人做动作。如帮助拉肩（图 2－26）、扳腿（图 2－27）。

(2) 对抗性动作

即二人相互对抗用力。如二人面对站立两臂轮流互推（图 2－28）。

(3) 协同性动作

即二人同时配合用力做动作。如二人面对左右开立，两手互扶肩，体前屈相互压肩（图 2－29）。二人并立，外侧臂上举互握手，内侧臂下垂互握手，同时向外侧做弓步体侧运动（图 2－30）。

图 2－26

图 2－27

图 2－28

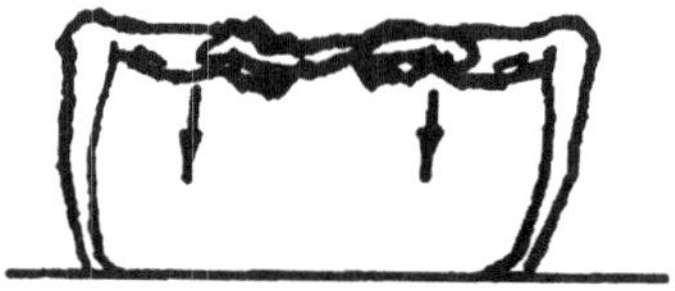

图 2－29

图 2－30

3. 集体动作

集体动作的基础仍是单人动作，只是活动的形式不同。集体动作是在一定的队形（圆形、横队、纵队等）下，练习者相互连接（牵手、挽臂、扶持等），协同完成动作。目的在于培养相互配合、协调一致的团队精神。

四、影响徒手体操动作效果的因素

徒手体操是人体不同的身体部位在一定的时间和空间状态下的复合运动。影响动作效果的因素有身体姿态、动作方向、动作幅度、动作路线、动作频率、动作速度、动作节奏和动作配合。因此，在创编动作时，正确掌握和运用影响动作效果的几个因素，能有效地改变动作做法、动作的难易度，合理安排运动负荷，有选择地锻炼身体的某些部位，达到预定的锻炼效果。

（一）身体姿势

身体姿态是指动作的外部表现，身体姿势包括动作开始姿势，动作过程中的姿势和结束姿势。做任何动作，身体姿势的改变和正确与否都会影响动作的难易、动作的强度和锻炼效果。例如做体前屈时，直腿与屈腿相比，前者难度大，对拉长大腿后部肌肉和韧带能起到更好的作用。

（二）动作方向

动作方向是指身体某个部位的运动指向。不同的方向，影响的肌群不同。如上体左侧屈时，主要发展左侧肌肉群的力量，对于右侧的肌群主要发展其伸展性，若方向变了，动作效果发生改变。因此，采用不同方向的练习，对身体全面发展有一定的意义。

（三）动作幅度

动作幅度是指做动作时，身体或身体某部分移动的距离长短。幅度的大小直接影响动作的难易和运动负荷的大小。如直臂绕环比屈臂绕环的幅度大，运动量也就大，对人体影响也就大。因此，选择不同幅度的做法是调节运动量的方法之一。

（四）动作路线

动作路线是指做动作时身体或身体某部位运动轨迹的连线。采用不同的路线对培养练习者协调能力有直接的影响。如臂侧举与臂经前至侧举相比，后者要比前者复杂些，就能更好地培养练习者的协调性。

（五）动作频率

动作频率是指单位时间内动作重复的次数。动作频率不同，运动负荷就不同。如体侧屈在四拍之内可完成一次，也可完成两次或三次。因此，可用改变动作频率的方法来增大或减少肌肉的工作强度，调节运动量。在教学过程中动作的频率应由慢到快。

（六）动作速度

动作速度是指在单位时间内身体或身体某部位移动的距离。动作速度不同，就直接影响运动的强度，如跳跃运动在快速口令下练习，速度要快，肌肉负担量也就大。因此，速度的快慢也能影响肌肉的负担量。在教学过程中应注意由慢到快，根据动作性质来确定速度。

（七）动作节奏

动作节奏是指强和弱的动作均匀地周期性交替。动作节奏也是代表着动作的综合性特征，它包含动作的速度、速率、路线的长短、动作的强弱及其周期性交替状态等。合理组合强和弱的动作，做到能合理支配紧张和放松，使肌肉工作与休息，有节奏地交替，能增强锻炼效果，有利于掌握动作。

（八）动作配合

动作配合是指身体各部位相互运动配合关系，一拍动作或多拍组合动作，其构成因素和技术特征，是身体各部分相互配合的运动，配合的方法不同，锻炼效果也不同。如体转，两臂向转体一侧举，可提高转动强度，加大对腰、背肌肉的影响，采用两手叉腰来做，其效果主要表现在腰部，相互配合，也是提高协调性的方法。

思考题：

1. 如何确定徒手体操动作的方向？
2. 单节徒手体操的记写内容有哪些？
3. 进行徒手体操练习时，上肢、下肢和躯干各有哪些完成动作的方法？
4. 影响徒手体操动作效果的因素有哪些？

第四节　轻器械体操

轻器械体操是在徒手体操的基础上，手持体操棍、实心球、哑铃、跳绳等轻器械进行的身体操练。轻器械体操练习，可根据不同器械的特点、变化器械与身体各个环节动作的配合，改变练习的难易度；并充分利用不同器械的条件，形成限制、负重等多种练习形式。

一、体操棍练习

体操棍为木质棍棒，长度1～1.2米，直径为2～2.5厘米，圆形，棍面白色或彩色。少年儿童用棍可稍短。无专用棍时，可用与体操棍规格基本相近的竹竿或树枝代替。

（一）持棍基本动作

1. 持棍立正：右手拇指与食指握棍一端，其余三指贴住棍身，臂下垂，使棍垂直靠于右肩前（图2－31）。

2. 持棍稍息：左脚侧出一步，同时右手压棍，使上端落下轻放于左脚尖前触地（图2－32）。

3. 持棍行进：右手持棍方法同持棍立正，行进时，右臂不动，左臂自然摆动。

图2－31

图2－32

图2－33

图2－34

（二）持棍操

持棍操是在徒手体操动作的基础上，练习者运用不同的握棍方法、换棍方法握棍的不同部位对棍的主动操控制。通过不同的举棍、棍的绕和绕环等。利用棍在空间的位置变化，人与棍的协调配合和模仿、限制等功能，进行的各种身体练习。

1. 握棍方法：握棍方法有正握、反握、正反握、交叉握、正翻握等。

2. 握棍部位：握棍部位有握两端、握一端、握中间、握同肩宽、握1/4或1/3处，一手握棍端另手握中间或3/4、1/3处等。

3. 换握方法：换握方法有离棍换握、滑动换握、转臂换握、转棍换握等。

4. 棍在空间的部位：身体在任何姿势中，以棍与上体的关系确定棍的部位。棍在空间的部位有水平位、垂直位、倾斜位。棍在倾斜位时，如不指明，则与上体成45度。

5. 举　棍

（1）前举：握两端（或同肩宽）前举；两（一）手握一端前举；两（一）手握一端前举棍向上；握两端（或同肩宽）屈臂棍胸前举；握两端（或同肩宽）一手在上，另一手在下前举，棍垂直（图2－33）。

（2）侧举：一手握棍一端靠肩，另一臂伸直握棍侧举（图2－34）；一手握棍一端侧举（或棍向上）。

（3）上举：握两端（或同肩宽）上举；两（一）手握一端上举；一手握一端侧上举，棍水平（图2－35）；一手握一端靠肩（髋），另一臂伸直手握棍上举（图2－36）。

（4）后举：握两端（或同肩宽）后举；一手握一端后举；握两端（或同肩宽）屈臂头后举；一手握一端靠肩，另一臂伸直握棍后举。

（5）下垂：握两端（或同肩宽）臂下垂，棍在体前（后）。

（6）中间部位动作：握两端（或同肩宽）前上举、前下举；两（一）手握一端前上举、前下举、侧上举、侧下举；握两端（或同肩宽）前举，一手在上，棍倾斜；握两端，一臂上举，另一臂侧举，棍倾斜（图2－37）；一手握一端靠肩，另一臂伸直握棍侧上举、侧下举、后下举。

图2－35

图2－36

图2－37

6. 持棍绕和绕环的动作

（1）小绕和小绕环：持棍，以手腕转动做动作，如一（两）手握一端前（上）举，棍在手外向前、向后绕和绕环（图2－38）；一手握一端侧举，棍在手前（后）向上、向下绕和绕环（图2－39）；一手握一端上举，棍在手前（后）向左、向右绕和绕环（图2－40）。

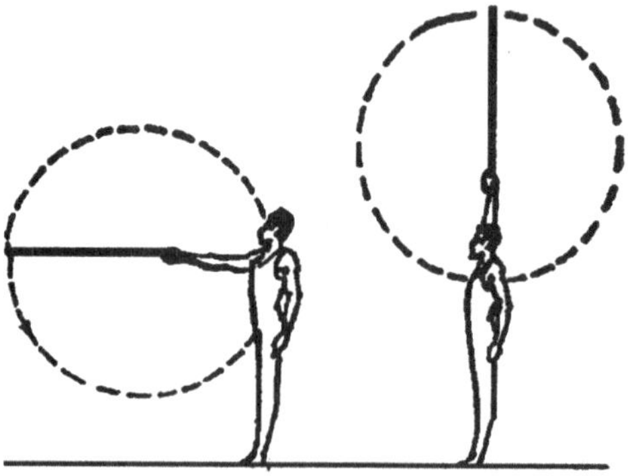

图2－38

（2）中绕和中绕环：一手握棍一端（或中间），臂在前举、上举、侧举中，以肘关节为轴向各方向做绕和绕环。

（3）大绕和大绕环：握两端（或同肩宽），以肩关节为轴直臂向左、向右绕和绕环。

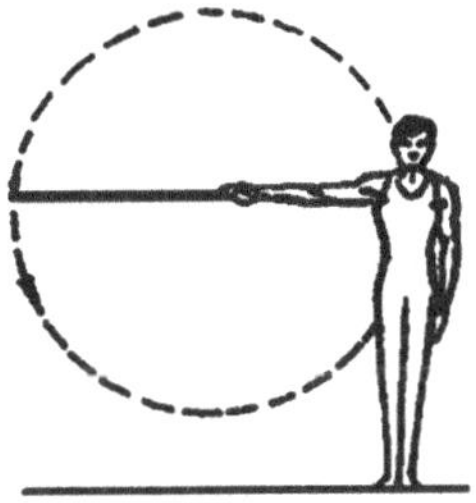

图 2－39

图 2－40

7. **限制性动作**：握两端，两臂依次或同时向前、向后转肩；握同肩宽，两腿依次摆越或同时跳越过棍；棍竖立地上，单腿摆越过棍；握一端沿地平面绕环，两脚依次跳过。

8. **模仿动作**：持棍模仿杠枪、刺杀，武术的刀、枪、剑、棍和击剑的刺、劈等动作。

9. **双人动作**：双人协同性动作，如二人同握一（两）棍做体前、侧、后屈；双人助力性动作，如一人握棍做上举，另一人在后加力帮助拉肩；双人对抗性动作，如二人同握一（两）棍互拉、互推、互扭棍等。

（三）游　戏

利用体操棍做各种竞赛性游戏。如将棍按一定距离排列地上做各种跑过、跳越；一人持棍由纵队排头将棍沿地面移动至排尾，每人依次跳越；传递棍、对抗推拉棍等游戏。

二、实心球练习

实心球的球壳可用帆布、皮革或胶皮制成，内装棉花、布头或沙子。其重量一般有 0.5 公斤、1 公斤、2 公斤不等，直径有 15 厘米、20 厘米、25 厘米多种。

（一）持球方法

持球方法有单手持球、双手持球、两脚夹球、持球行进（右臂伸直持球靠于体侧行进）。

（二）实心球练习方法

1. 定位球练习：将若干球按一定距离在地上摆成纵行，用走、跑、跳绕球穿行；用跑、跳及其他方法从球上依次越过。

2. 传递球练习：单手将球绕自身的颈、腰、腿传至另一手接球的自传；二人面对、背对、侧对将球由头上、胯下、腰侧等互相传递；多人纵队或横队将球由头上、胯下、体前、体后、体侧等依次传递。

3. 抛接球练习：单手或双手向上抛、接球，还可加转体、击掌等；二人面对、背对、侧对站立，用单手或双手于头上、肩上、胸前、胯下、体侧等相互抛接，也可用两脚夹球抛出。

4. 持球操：持球操是在徒手体操动作的基础上，练习者通过对球的主动操控，利用球在空间的位置变化、人与球的协调配合和抛接进行的各种身体练习。

5. 游戏：利用球做各种竞赛性游戏。如集体搬运球比赛；集体传递球接力；脚带球接力；定位球绕行或跳越比赛等。

三、跳绳练习

（一）跳短绳

单人跳绳长2～2.3米，双人和三人跳绳长2.5米或稍长，绳径1厘米，中间稍粗。单人跳绳以两手握绳两端，一脚踩住绳中拉直齐肘高的长度为宜。

1. 持绳行进：将绳对折3次，右手握绳行进。

2. 摇绳方法：两手握绳两端，两臂体侧自然弯曲，手稍外张，用手腕转动摇绳。有前摇绳、后摇绳、交臂摇绳、绕“8”字空摇绳（两手握绳两端相并，于身体两侧向前或后轮流摇成“8”字形）。

3. 停绳方法：前摇跳结束时，一脚前出，脚跟着地，前脚掌离地，绳摇至脚下踩停。后摇跳结束时，一脚前脚掌着地，脚跟离地，绳摇至脚下踩停。

4. 基本跳法：任何跳法均用前脚掌或由全脚掌过渡到前脚掌蹬地跳动，并用前脚掌或由前脚掌过渡到全脚掌着地。各种跳法可用前摇、后摇、交臂摇进行。基本跳法有双脚垫跳和连跳、单脚垫跳和连跳、交换脚垫跳和连跳、跳绳跑、双脚或单脚两摇跳和多摇跳。

5. 跳法变化

（1）一人跳：在基本跳法基础上可变化做后踢腿、高抬腿、前踢腿、分腿、屈腿、蹲等各种跳法。

（2）二人跳：一人摇跳，另一人跳进、跳出；二人并立同摇跳和二人并立一人助摇另一人摇跳。动作可采用基本跳法和变化跳法。

图 2－41

（3）三人跳：有一人摇跳，另二人同时或依次跳进、跳出。进出时可二人在前、在后或一前一后。三人并立同摇跳；一人助摇另二人摇跳（图 2－41）等。动作可采用基本跳法和变化跳法。

（二）跳长绳

绳长 5 米左右，二人各持一端，相距约 3 米，面对站立同向摇转，也可一端拴在固定物上一人摇转。有摇荡绳和摇转绳两种。

摇绳方法：摇荡绳时为绳子左右摆荡，绳左右倾斜不超过 45 度。摇转绳时，以肩为轴屈臂摇转，绕环不宜大。绳摆至最高处时，中央应高于一人，下摆应擦地而过。

摇绳方向有“正摇”和“反摇”，绳向学生由上而下摇转为“正摇”，相反为“反摇”。

跳长绳的形式有单长绳跳、双长绳跳、长短绳跳、多长绳的跳绳网。

1. 单长绳跳（即二人摇一长绳，一人或多人做动作）

（1）跑过：即绳子摇转在空中时，由一面跑至另一面而不跳越绳子。一般多用正摇绳跑过，可由正面或斜面来做。做法有每摇绳一转或两转跑过一人或几人；一人侧身、转体、拾物、抛接球、负重跑过；单、双脚跳进而过；双人或多人拉手跑过等。

（2）跳过：即跑进跳过一次摇绳后立即跑出。有一人由不同方向跑进，用单脚、双脚、交换脚、屈腿、分腿、转体、击掌、拾物等任一跳法跳过一次后跑出；双人或多人拉手跑进，用对抛接、对击掌或同步动作、不同动作跳过一次后跑出。

（3）连跳：即跑进连续跳越多次后跑出。有一人连续同一动作或不同动作跳；二人连续同步动作或不同动作跳；跳动中还可做对抛接、对击掌、加转体、拾放物、技巧性动作等；一人或多人定时或定数连跳。

2. 双长绳跳

每人两手各持平行的两长绳一端，有节奏地轮流向内或向外摇转，一人或二人跑进做各种跳法。

3. 长短绳跳

即一人持短绳跑进，长短绳同步摇转做各种跳法。

4. 跳绳网

用3～10根长绳，每二人持一绳相距面对站立，使多绳同时摇转，成网状，另一人跑进做各种连跳动作。

（三）持绳操

将短绳对折，持两端或同肩宽，绳绷直做上肢的举、屈、伸、绕、绕环、转肩；躯干的屈、伸、绕环、转体；下肢的踢、屈、伸、摆绳、跳跃及全身、平衡等动作。

四、哑铃练习

手持哑铃做徒手体操类动作，动作中利用哑铃相互有节奏的碰击，达到动作协调一致，提高练习兴趣和培养节奏感的目的。哑铃的材质有铁、木、塑料等多种。铁哑铃用生铁铸成，有固定重量式和调节重量式。固定式重量的哑铃有2～10公斤多种规格。形状多种，一般有圆头式、多面式，尺寸随重量而加大。木哑铃握把长11～12厘米，直径为2.8～3.5厘米，中间稍粗。铃头与规格较小的铁哑铃相似，铃面可漆色。

哑铃操通常使用木哑铃或重量较轻的铁哑铃。因哑铃操是以哑铃的相互碰击为主要特征，所以，哑铃碰击的方式、部位、节奏和频率是编排哑铃操应考虑的重要因素。巧妙地运用这些因素的变化和组合，设计编排出节奏分明、活泼轻快的哑铃操。

击铃的方式和部位应多样性。将左手所持的哑铃称之为“左”，右手所持的哑铃称之为“右”。将靠近虎口的铃头称之为“前”，另一铃头称之为“后”。击铃的方式有“左”击“右”“右”击“左”“左右”同时互击。击铃的部位有“左前”击“右前”“左后”击“右后”“左前”击“右后”“右前”击“左后”等。

击铃的节奏和频率应根据对象水平而定。可在若干节拍一组的动作中击铃一次、两次或多次，可安排在不同的拍节上击铃。可在一拍中击铃一次或两次。

击铃时，除考虑上述因素外，还应注意击铃的轻重和方向。

铁哑铃（尤其是重量较大的铁哑铃）通常用于专门发展身体的练习，重点发展颈部、肩部、臂部、胸部、背部、腰部、腹部、腿部的力量。做法有举、推、提、绕、绕环、转动等，可通过站、坐、卧等多种姿势进行练习。铁哑铃还可按徒手体操结构编成上肢、躯干、下肢、全身等成套操的形式练习。

五、小旗练习

小旗练习是手持小旗做徒手体操动作的旗操。小旗为不同材质的织物，规格为40×40厘米，由长50厘米的旗杆穿固。旗的颜色有单色或彩色。小旗操可做徒手体操的上肢、躯干、下肢、全身等组成的多节成套练习。旗的动作可做举、绕环、挥旗等。做时可用两手各持一旗、一手持两旗、一手持一旗、两手持一旗等。

思考题：

1. 体操器械中哪些器械属于轻器械？
2. 体操棍的持棍操有哪些练习？
3. 跳短绳有哪些跳法和变化？单长绳跳有哪些跳法？

第五节　专门器械体操

专门器械体操，指在体操凳、肋木、爬绳（竿）及全民健身器械上进行的体操练习。其特点是充分利用器械的不同高度和做法，改变动作对身体的影响，增加负重、辅助条件（辅助器械和双人）等，以提高练习的强度。

一、肋木练习

（一）发展身体各部分的练习

1. 上肢和肩带的动作

面对或背对肋木站立，两手握肋木臂屈伸、压肩；握肋木下蹲拉肩；悬垂引体向上；一人在肋木上端悬垂引体，另一人在下托脚助其向上等。

2. 躯干动作

如面对肋木站立，手握肋木体后屈；背对握肋木体前屈；侧对握肋木体前、侧、后屈；肋木上悬垂收腹举腿；肋木前放一山羊，手握肋木俯卧、侧卧、仰卧在山羊上做举腿或脚勾肋木做上体抬起动作等。

3. 下肢和髋关节的动作

面对、侧对或背对肋木站立，手握肋木做一腿向前、侧、后踢腿；面对肋木，手握肋木并腿或分腿踏于肋木上压腿；面对肋木，一人坐于另一人肩上，下面人做下蹲和起立等。

（二）攀登练习

1. 直线攀登

直接上下攀登。可采用面对或背对肋木做手脚依次按格或间格攀登；手脚交换跳动攀登；手脚并用或只用手的攀登。

2. 斜线攀登

由肋木的一端开始，斜进向上攀登后，又斜进向下攀登至另一端。可面对肋木手脚依次按格或间格攀登。

3. 曲线攀登

由肋木一头开始，上下曲线攀至另一头。可规定 2 或 3 档为一上下曲线，或整个肋木为一曲线。采用面对肋木手脚依次按格或间格攀登。

（三）肋木操

肋木操多用于准备活动，将发展身体各部分的练习，按徒手体操编排顺序编成一套有节奏的动作，全面活动身体。

二、爬绳（竿）练习

爬绳（竿）是采用手或手脚并用攀登绳（竿）的练习。绳为麻制，绳长 4.5 米左右，直径为 3～3.2 厘米。竿有竹质、木质及铁质多种，表面平滑，长度和直径同绳。除爬垂直绳（竿）外，还有爬横绳和荡绳。

（一）爬垂直绳（竿）

垂直绳（竿）是将绳（竿）的一头悬挂在上面的物体上，下端离地 20～30 厘米。爬绳和爬竿的方法相同，有两种方法。

1. 手脚并用的爬绳（竿）

（1）三拍法（图 2－42）：预备姿势为直臂悬垂，两手靠拢握绳。第一拍：两腿弯曲上提，两脚（一脚脚背，另一脚脚跟）和两腿夹绳。第二拍：屈臂引体向上，同时两脚蹬绳，两腿伸直，身体上升成屈臂悬垂。第三拍：两手依次向上换握成预备姿势，两脚仍夹紧绳。

（2）二拍法（图 2－43）：预备姿势为一臂伸直向上握绳，另一臂弯曲手齐于胸前握绳。第一拍：两腿弯曲上提，两脚和两腿夹绳。第二拍：两脚蹬绳，两腿伸直，同时引体向上，在下的一手向上换握成预备姿势，两脚仍夹紧绳。

2. 只用手的爬绳（竿）

由直臂悬垂、拳心向内握绳开始。两臂引体，两手向上轮流换握，两腿伸直，身体不停地上升。

图 2－42

图 2－43

（二）爬横绳

绳的两头各固定在两边物体上，整个绳悬空横挂，用手和腿从 头爬至另 头。绳的长度和悬挂高度根据对象情况而定。有挂膝法和挂踵法两种。

1. 挂膝法（左腿挂绳为例）

右手在前，左手在后握绳，左腿腘窝挂绳，右腿自然放下，左手换握至右手前，同时右腿在前挂绳，左腿放下，照此轮流换握向头部方向前进。

2. 挂踵法

动作同挂膝法，只是用两腿的跟腱部位挂绳。

（三）荡　绳

荡绳是利用垂直绳，由一边的高处握绳摆荡至另一边高处（或由低向高、由高向低），越过一定高度和宽度的练习（图2－44）。练习时两手握紧绳子，两脚蹬地，荡至对面高物上落下松绳。摆荡中可做屈腿、屈髋、分腿等姿势，落下时可面向前，也可转体落下等。

图2－44

思考题：

1. 在肋木上可以进行哪些练习？
2. 手脚并用的爬竿（绳）有几种？它们的动作要领是什么？

第六节　基本体操的创编

一、创编原则

创新编排是基本体操的生命力，只有不断地变化更新才能保持基本体操的活力。基本体操的创编原则是人们经过长期的实践，总结成功的经验，研究和探索其客观规律，将实践获得的经验与科研成果归纳、升华为理论认识，从而提出的用于指导基本体操动作创编的原则。

（一）针对性原则

创编一节动作和整套动作时，首先应根据练习的目的和任务选择内容。如创编保健操时，选择的动作既要简单易学，又有锻炼价值，符合练习者的年龄、性别和健康水平。用于体育课的准备活动的成套操，应选择充分活动身体各部分的动作，并结合课的需要创编。用于专门身体训练的基本体操，选择动作则多考虑动作的强度、影响锻炼肌肉群和关节等因素。对于老年人和体弱者，应选择简单易做、速度稍慢的动作；对于儿童少年，应选择活泼轻快和模仿性动作；对于青年，应选择一些刚健有力、富有朝气、速度稍快、节奏分明的动作；用于女性锻炼时，则适当选择一些协调、优美、柔和的动作。准备活动的基本体操动作，还应根据不同对象、不同教材、不同气候来编操。同是生产体操，也要根据不同工种、不同劳动条件来选编动作。

（二）科学性原则

1. 注意全面锻炼身体

整套动作的内容要全面影响人体，动作部位应包括上肢、下肢、躯干及全身动作；身体素质要有速度、力量、柔韧、协调、灵活等方面内容；动作方向应包括向前、向后、向左、向右等方向的动作，使身体得到全面发展。

2. 合理安排运动量

整套动作的运动量要符合人体活动的规律，由小到大。因此，动作的编排应由局部到全身，由慢到快，一般开始 3 节为四肢的局部活动，中间 3 节为躯干活动，后 3 节为全身、跳跃和整理运动。如果用于体育教学或训练课的准备活动，则整理运动可省略，待课结束时再做。

3. 整套动作节序要合理

节序一般为：第一节为伸展或上肢运动，第二节为四肢或扩胸运动，第三节为下肢运动，第四节为体侧运动，第五节为体转运动，第六节为腹背运动，第七节为全身运动，第八节为跳跃运动。

（三）创造性原则

基本体操的内容十分丰富，编制整套动作不仅可以根据实际情况选择各种不同的动作，而且应该针对不同要求创造性地编选内容，避免千篇一律，枯燥无味。可以通过改变身体姿势，变化动作方向、幅度、速度、路线，不同部位的配合等方法，创编新颖多变，协调优美，具有锻炼实效的动作，以提高练习兴趣和效果。

二、创编方法

基本体操动作创编的基础是单人徒手体操动作，它以身体各部位做各种类型动作为核心，再加上影响动作效果的八个因素的各种变化，巧妙组合成千姿百态、丰富多彩的动作。

（一）成套动作的创编

根据创编原则，明确用途和实际情况后，首先确定整套动作的节数、特点和重复拍数，然后按节序选编每节动作。成套操的节数一般为 8 节，可根据情况增减。确定节数时，既要考虑运动量大小，又要考虑包括哪些身体部位的内容，整套动作的特点是根据做操任务，突出某种特色，如培养基本姿势，则基本部位的动作多些；对缺乏身体某些部位运动的人，其操以某些部位的动作多些等。决定每节重复拍数时，既要从对象的实际考虑，又要从动作强度考虑。

（二）一节动作的创编

创编一节动作有下列 7 种方法，每节动作都存在不同方法的综合运用，但有的方法中只是采用某一个或两个具体方面。

1. **身体各部分配合**。在突出主要部分前提下考虑怎样配合。如上肢运动应以活动上肢为主，下肢或上体为配合部分，配合的动作不宜过大，常采用有利的某种姿势。

2. **不同类型动作的组合**。一节动作可采用某一类动作的做法，如下肢运动可全用踢或压等，也可采用多类动作的组合，如下肢先压再踢或屈、伸。

3. **不同方向的组合**。可采用前后方向组合，左右方向组合，前后左右方向的组合。

4. **不同做法的变化**。可采用身体部位的同时做、依次做、轮流做或对称做、不对称做的方法。一般是同时与其他相结合来做。

5. **不同形式的做法**。可采用行进间做、定位做的形式。行进间做时可用一步一拍，一拍一动来做；还可走 4 步（四拍），站立做四拍动作。定位中一般采用站立做，还采用蹲、撑、坐、卧等多种姿势和前、后、左、右移动等来做。

6. **不同重复次数的组合**。如四拍一节动作中，绕环一次、两次或三次；体侧屈一次、两次或三次等。

7. **各种动作采用不同幅度、路线、速度、频率的变化组合**。对轻器械体操动作的编排，还必须注意以身体运动为主，以器械动作为辅。

思考题：

1. 基本体操的创编原则有哪些？
2. 基本体操成套动作的创编要考虑哪些问题？
3. 基本体操一节动作的创编有哪些方法？

第七节 基本体操的教学

一、加强思想教育

基本体操具有广泛的实用性和群众性，为了更好地开展活动，应该做好宣传教育工作，使群众认识到做操的重要性和必要性，组织群众认真做操，以形成自觉坚持、经常锻炼的好习惯。对体育专业的学生，也应使他们认识到基本体操的重要性。提高学习的自觉性、积极性和创造性。

二、严密课堂组织

教学效果与课堂组织有着密切的关系，教学中要纪律严明，组织有序。特别是在进行轻器械体操练习时，练习前应将器械有条理地集中放在一起，有组织、有秩序地取、还器械。防止打闹、乱扔、乱滚、乱敲、乱抛等现象的发生。

三、合理组织做操的队形

为获得良好的做操效果，应组织合理的做操队形。做操的队形是多种多样的，常用的定位操队形有长方形、正方形、半圆形、“八”字形、梯形等。行进间操可采用一路或多路纵队，还可采用数列横队，一列一列依次进行。无论什么队形，均应注意下列几点。

（一）根据人数的多少，场地的大小组织做操队形。如场地较小而且人数较多时，一般采用方形队形，不宜采用圆形队形。

（二）根据学生的实际情况组织做操队形。低年级学生宜用简单队形的定位操，高年级学生或组织纪律性好的学生，可采用行进间或变换比较复杂一些队形。

（三）便于练习者看清领操员的示范动作。

（四）练习者的前、后、左、右不能相碰。徒手操一般为左右两臂间隔，前后两步距离。轻器械还要加上器械长度，体操棍练习时，前后左右应为两臂加一棍的距离。实心球练习时应考虑抛接球练习时的相互影响。跳绳练习时，应注意摇绳的距离。

（五）队形的方向要避免风向、阳光的影响和环境的干扰。不要面向风沙、阳光和可能分散注意力的事物等。

（六）根据操的内容和方法选择队形的排列。如做双人动作时，可采用二列或四列横队，以便配对做操。

四、正确运用示范和领操

示范是最生动、最形象和最逼真的直观教学。正确优美的示范动作，不仅可以使学生建立起正确的动作表象和概念，还可以引起学生学习动作的渴望心理，激发学生的学习积极性。

对教师示范的总体要求是：位置合适，动作清楚，部位正确，速度恰当，节奏分明，时间适宜，精神饱满。使练习者既能看清楚每拍动作做法，又能看清楚各拍动作的连接。

（一）示范的位置

要根据练习人数和队形来定。行进间操一般是在纵队前三分之一左侧较好；定位操一般站在队伍中央前等腰三角形顶点位置；如果人数多，应站在较高位置示范。

（二）示范的方法

根据对象的特点和动作难易程度确定方法。示范方法有分解示范、完整示范、常速示范、慢速示范、边示范边讲解等。一般来说，动作较简单，练习者有一定水平，可按正常速度做完整示范；如动作较复杂，可先做慢动作示范或边示范边讲解，必要时可采用分解示范，然后进行常速的完整示范。

（三）示范和领操的形式

1. 镜面示范和领操

面对学生做反方向的动作。即面对学生先出右脚做动作，而学生出左脚做动作。一般用于显示左右方向，路线简单的动作，便于练习者模仿。这样示范教师始终能观察到学生做动作，领操时学生比较容易跟着教师做动作。但是对于比较复杂的动作，学生不容易跟着做。

2. 侧面示范和领操

教师身体侧面对着练习者做动作。一般多用于突出前后方向的动作时示范，便于看清动作前、后做法。这种示范学生能较清楚地看清前后方向动作。但是领操时教师不能全面观察到学生的练习情况。

3. 背面示范和领操

背对练习者做同方向的动作。一般用于示范方向路线及配合比较复杂的动作，开始领操时的示范。这种示范对于比较复杂的动作学生容易跟着教师一起做，但是学生不能看到教师身体前面的动作，教师也不能观察学生做动作，一般不能多用，特别是学生组织纪律差时。应尽量少用这种形式示范和领操。

4. 正面示范和领操

面对学生做同方向的动作。即教师出左脚，学生也出左脚，这种示范经常用于教师讲解时，领操一般不采用。这种示范教师始终能观察学生，教师讲解的方向与做动作的方向一样，但是在领操时师生方向不一致，对一些四肢较复杂而不熟悉的动作，学生不易跟着做。

五、恰当运用讲解

讲解的要求是语言要简明扼要，生动形象，通俗易懂。内容要突出重点，一般不宜讲动作全过程，主要讲清动作的部位、方向、路线、方法、身体各部位的配合及动作要求。讲解的方法以边示范边讲解的效果最好，简单动作可采用只示范不讲解。但讲解时应配合示范以加深对动作的理解，切忌只讲不做。

六、准确运用口令

口令是调动队伍和指挥做操的重要手段。口令的好坏，对激发学生的精神和正确地做操都有一定的关系，要引起重视。

口令要准确、清楚、洪亮，节奏感强，并根据动作性质，动作熟练性和动作的幅度大小确定口令的强弱和长短。例如，伸展和放松练习，口令应轻松缓慢；腹背运动，口令应长而有力；振、压动作，口令要强；跳跃动作，口令要短促轻快；躯干和全身，口令应长而有力；动作连贯，速度均匀的动作，如头部或上体绕环动作，口令应连贯不间断而有韵律。开始学动作的少儿和老年人，口令应慢些。

口令除数字口令外，还有提示口令和其他音响代替口令，提示口令是在节拍的口令中运用，以重点提示完成动作的某些要求和做法等。开始提示口令可采用“预备——起！”。例如，“伸展运动，预备——起！”。做法提示口令可采用“1、2、3、4、用、力、踢、腿”等。换节提示口令可采用“5、6、7、扩胸运动”或“5、6、7、换”。结束提示口令可采用“5、6、7、停”等。音响代替口令有口哨、击掌、音乐等。

七、及时纠正错误

基本体操对于培养学生正确身体姿势有很好的作用，因此，在教学过程中，一定要严格要求，如果发现错误，应及时纠正。纠正方法有以下几种。

（一）提示口令纠正：提示口令纠正是针对学生动作错误，在保持口令节奏不变的前提下，用提示口令取代部分数字口令。

（二）暗示纠正：暗示纠正是边练习边用手势提示学生看教师做纠正错误的动作。

（三）停止练习进行纠正：如发现有较多同学练习有错误，提示口令纠正和暗示纠正达不到纠正目的时，此时应停止练习，重新讲解或示范进行纠正。

（四）学生相互纠正：学生相互纠正是一部分学生练习，另一部分学生观察并进行纠正。经常采取学生一对一，面对面进行互教互学，改正错误，既能帮助练习者更快、更好地掌握动作，又能培养学生的教学技能和互助精神。

总之，练习过程中，多数人有错误时应立即停止练习，集体纠正；个别有错误时则采用提示口令，手示或暗示纠正，边练习边纠正。

思考题：

1. 如何合理组织基本体操做操队形？
2. 示范的方法有哪些？如何正确运用这些示范方法？
3. 示范和领操的形式有哪几种？如何正确运用这些示范和领操的形式？
4. 举例说明对基本体操口令的要求。
5. 基本体操教学中纠正错误的方法有哪些？

第八节　基本体操比赛的组织与裁判

基本体操比赛通常指的是广播体操、幼儿基本体操、课间操、工间操、生产操、健身操等群众性的体操比赛。基本体操比赛是一种集体性的比赛活动，其特点是内容丰富，形式简便，变化多样，不受人数、年龄、性别等条件的限制，因而易于开展。

在学校、工厂、企业、机关、社区中开展基本体操比赛，能促使更多的人参加体育锻炼，改善人们的健康状况，提高学习效果和工作效率；同时，还可以培养人们的组织纪律性，增强集体荣誉感，陶冶情操，丰富业余生活。

一、基本体操比赛的组织

由于基本体操比赛活动参加人数多、场面大，因此必须做好周密的组织工作。

组织工作须由主办单位按有关会议的决定或精神进行。

（一）制定竞赛规程

竞赛规程是比赛的指导性文件，所有的参赛单位和个人都必须遵守。

制定竞赛规程时，既要保证比赛的顺利进行，又要避免影响正常的学习和工作。规程草案议定后，一般应先征求各参赛单位的意见，经修改后，再由主办单位批准，于赛前1～3个月内下达各参赛单位。竞赛规程的内容如下。

1. 目的任务

2. 比赛日期和地点

比赛日期的确定应尽可能地不影响参赛者的工作和学习。比赛地点应选择在比赛场地条件完备，交通便利的地方。若在室外比赛，比赛时间和地点的确定还要考虑当地的季节和气候特点。应有特殊情况下的应急措施。

3. 参赛单位

4. 比赛内容

比赛内容由比赛的组织者根据参赛者的年龄、性别、水平特点及工作性质等因素而定。如幼儿基本体操比赛、中学生广播体操比赛、工厂和企业组织的工间操比赛、机关组织的广播体操比赛及社区组织的中老年健身操比赛等。

比赛的形式有规定动作比赛和自选动作比赛。规定动作的比赛可以是完全规定动作比赛，也可以在规定动作比赛中增加队形变化或其他要求。自选动作的比赛应对动作的编排提出要求。如节数、内容、难度、队形、音乐、时间等。一套动作的时间一般在5～10分钟为宜。

5. 参赛办法

（1）参赛条件：明确参赛资格条件。

（2）参赛人数：明确规定参赛人数（包括替补人数）、性别比例、年龄层次比例等。人数不相等的比赛还应规定一个人数数量上的区间。

（3）报名与报到：规定报名表的式样、分数、报送单位、截至日期和报到的时间，并注明报名和报到单位的联系人、地址和电话。

6. 比赛办法

根据比赛的规模和时间确定比赛种类（预、复、决赛及复、决赛资格）、采用的评分规则、计分办法、服装和音乐的规定等。

7. 名次的录取与奖励

根据比赛的规模设立一定数量的团体奖、单项奖（如表演奖、创编奖、组织奖、精神文明奖等）、和个人奖（通常针对领操员而设）给予奖励。规定名次相等的处理办法。

8. 其　他

对裁判员的选派，特殊的规定和要求，未尽事宜另行通知的说明和规程的解释权属等。

（二）成立比赛组织机构

为了保证比赛的顺利进行，要根据比赛规模的大小建立相应的组织机构。大型比赛应成立比赛组织委员会。中小型比赛可由主办单位、承办单位、各参赛单位的领队及总裁判长组成竞赛委员会，并由竞赛委员会负责人召开领队等有关方面的联席会议，负责解释竞赛规程和评分规则，以及抽签决定比赛顺序和安排适应场地等方面的问题。

（三）编印秩序册

在确定比赛顺序后，记录组应尽快编印秩序册。秩序册的内容主要包括竞赛规程、组织结构、参赛单位、竞赛活动日程安排、比赛顺序、场地试用安排等。

（四）组织裁判学习

赛前应组织裁判员学习竞赛规程和评分规则，尽可能地观察各参赛队练习及试评，必须统一裁判的尺度。

（五）场地、器材、用具等准备工作

赛前组委会相关机构应认真准备并仔细检查比赛所需的场地、器材、用具等情况，尤其要检查场地与器材的安全状况，做到万无一失。

（六）比赛与颁奖

严格按竞赛规程与竞赛规则组织比赛，做到公平、公正；颁奖仪式无论大小，都应庄重、有序。

二、基本体操比赛的裁判

（一）裁判组的组成及位置

1. 裁判组的组成

基本体操比赛通常设有总裁判长、裁判长、裁判员、记录长、记录员、检录长、检录员、播音员和传分员等。

幼儿基本体操比赛已有较为完善的评分规则，裁判组的组成和分工相对明确和固定。在其他基本体操比赛中，裁判组的组成和分工则较为灵活。通常情况下，检录员、记录员、播音员是必不可少的。裁判长和裁判员的设置应根据比赛规模的大小和评分规则的评分内容设置来配备。

规模大的比赛或多方面评分（动作完成、队形变化、编操、领操员）的比赛，设总裁判长一名，根据评分内容分工设若干个裁判组，每个裁判组一名裁判长和若干名裁判员。同时设记录长、检录长和配备传分员。

规模小的比赛或单方面评分的比赛，只设裁判长一名，裁判员若干名。

2. 裁判的位置安排

裁判员的座位应设置在高台上，能清楚地观察到运动员的动作完成情况。位置安排分集中就座和分区就座两种方式。

集中就座时，一般裁判员坐成一排为宜，裁判员从左至右以顺时针就坐（图2-45）。但要保持一定的距离独立评分，各裁判员能从同一面上观察运动员的动作完成情况，评分的差距较小，出分快，工作紧凑。但在人数多的情况下，观看全场较为困难，易漏判。因此，这种就座方式适用于小型比赛。

图2-45

分区就座的方式用于局部区域评分，裁判员应坐在观察本评分区域的最佳位置。为了缩小区与区之间的评分差距，常采用对局部区域的评分为主，兼顾全局的评分方法。

（二）评　分

基本体操的评分因素很多，如入场、退场、操的创编、动作完成、队形、领操员的指挥与领操、服装、道具或轻器械、音乐、精神面貌等项。但评分以做操质量为主。自选动作的创编也是主要的评分因素。对所涉及的评分因素，都应在赛前制定出详细的评分规则，以供裁判员、教练员、运动员学习和使用。

1. 规定动作的评分

规定动作指的是为增强人们体质而编制的、具有一定锻炼价值的、适用于某类人群的、便于推广和开展的基本体操成套动作。可以是徒手的，也可以是持轻器械的。一套动作一般 8～10 节，通常配有音乐伴奏。规定动作的比赛主要比的是做操质量，如果增加比赛的难度，可在制定竞赛规程时提出队形变化等方面的要求。

（1）评分内容与分值的分配

根据比赛的目的任务、参赛者的水平确定评分内容，根据内容的重要性或难易度赋予相应的分值。（表 2－2）

表 2－2　规定动作评分内容与分值参照表（以总分 100 分为例）

比赛类型	做操	领操员	队形变化	其他
单纯做操比赛	100 分	0 分	0 分	0 分
以做操为主的比赛	80 分	10 分	10 分	0 分
行进间做操、队形变化等其他方面的比赛	50 分	10 分	20 分	20 分

说明：表中所列评分内容和分值仅作参考，具体的评分内容和分值的分配应根据具体情况而定。评分内容和分值分配确定后，再根据每节操的难易度对做操的分值进行分配。

（2）评分标准

评分内容和分值分配确定后，再制定评分标准。评分标准就是对可能出现的错误规定一个相应的扣分分值或扣分范围。

① 完成姿态错误的评分

姿态错误主要是指完成动作过程中身体的姿态与规定的身体姿态要求不符。如举臂时臂的弯曲、踢腿时腿未伸直等。根据姿态错误程度制定评分表。（表 2－3）

表 2－3　完成姿态错误评分参照表（分节扣分）

错误程度	10% 以下（人数）	10%～30%（人数）	30% 以上（人数）
轻微	扣 0.1～0.2 分	扣 0.3～0.5 分	扣 0.6～1.0 分
显著	扣 0.3～0.5 分	扣 0.6～1.0 分	扣 1.1～1.5 分
严重	扣 0.5～1.0 分	扣 1.1～1.5 分	扣 1.6～2.0 分

② 动作技术错误的评分

技术错误是指完成动作中的路线、方向、部位等与规定要求不符。分值高的几节操出现错误应重扣，分值低的则轻扣。根据技术错误严重程度和内容（如动作路线、方向、部位等）的多少，扣分幅度应有所区别。具体评分可参照表 2－3 制定评分标准。

③ 动作顺序错误的扣分

成套动作中出现顺序错误，应扣去前后颠倒部分分值的一半。对完成情况的错误仍须扣分。

④ 漏做动作的扣分

漏做是指整节操或某节操的部分节拍未做。整节操未做，要扣去该节操的全部分值；一节操的部分节拍未做，也要按比例扣去相应的分值。

⑤ 动作整齐性的评分

整齐性主要是指完成动作时的一致性。整齐性是衡量集体做操质量的尺度，在做动作过程中有不整齐的地方均要扣分。（表 2 –4）

表 2 –4　动作整齐性评分参照表（分节扣分）

错误类型	10% 以下（人数）	10% ~30%（人数）	30% 以上（人数）
动作不整齐	扣 0.1 ~0.5 分	扣 0.6 ~1.0 分	扣 1.1 ~2.0 分
队列不整齐	扣 0.1 ~0.2 分	扣 0.3 ~0.5 分	扣 0.6 ~1.0 分

⑥ 参赛人数与竞赛规程要求不符的扣分

对参赛人数与竞赛过程要求不符的队，应按比例扣分。其扣分可参照下列公式：

$$扣分数=\frac{缺席人数}{规定人数}\times 满分数$$

检录长在检录人数后，及时将检录情况送交裁判长，由裁判长核算后从总分中扣除。

除上述评分标准外，还应对领操员的指挥与做操、服装、音乐、道具、轻器械的运用、队形变化、进场与退场、精神面貌等其他方面的内容制定评分标准。

2. 自选动作的评分

（1）评分内容与分值的分配

基本体操的自选动作是根据竞赛规程，由参赛者自行创编的基本体操成套动作。自选动作一般从动作创编、完成情况和其他（包括音乐、时间、队形变化和精神面貌）等方面进行评分。自选动作和规定动作的主要区别在于动作的创编。它反映了运动员、教练员的创编能力和艺术水平，是评分的重要因素。所以，动作创编的分值在自选动作的分值分配中占有较大的比例，占总分的 30% ~50%。完成情况的占总分的40%～50%。其他评分内容的分值占总分的10%～20%。

（2）评分标准

① 动作创编的评分

将动作编排的分值细分到各项评分内容，确定错误类型和扣分幅度。（表2－5）

表2－5　动作创编评分参照表（成套动作综合评定）

序号	评分内容	分值	错误与扣分	
1	内容与对象特点	5分	1. 基本符合 2. 不太符合 3. 基本不符合	扣0.1～1.0分 扣1.1～2.0分 扣2.1～3.0分
2	活动部位	4分	1. 较为全面 2. 不全面	扣0.1～1.0分 扣1.1～2.0分
3	运动量安排	2分	1. 基本合理 2. 不太合理 3. 很不合理	扣0.1～0.5分 扣0.6～1.0分 扣1.1～1.5分
4	动作节序安排	2分	1.1～2节不正确 2.3节以上不正确	扣0.1～0.5分 扣0.6～1.0分
5	动作难度（幅度、节奏、方向、部位、做法等变化和配合）	5分	1. 较为复杂 2. 一般 3. 简单、变化少	扣0.1～0.5分 扣0.6～1.5分 扣1.6～3.0分
6	表现形式	3分	1. 新颖、效果较好 2. 一般	扣0.1～0.5分 扣0.6～1.5分
7	动作类型选择	4分	1. 较为全面 2. 单一化	扣0.1～0.5分 扣0.6～1.5分
8	……	……	……	

② 完成情况和其他方面的评分

自选动作的完成情况和其他方面的评分与规定动作的评分大体相同，可参照规定动作的评分标准。

3. 队形的评分

基本体操的比赛是一项群众性的集体活动，做操队形是评分的内容之一。做操队形分有规定队形和自选队形两种，无论何种队形，在制定竞赛规程时应根据对象水平对队形的变化有明确的规定。①队形变化的次数；②队形变化的时间，即几拍之内完成队形变化；③队形变化的形式，是在做操中完成队形变化还是停止做操变化队形，规定动作是否能改变动作性质。所以，在制定评分标准时，要考虑以下因素：

（1）是否达到规定的队形变化数量。

（2）队形变化的难度。移动的方向、路线、距离、图案等复杂程度。

（3）队形变化的效果。图案设计是否具有艺术性、思想性；队形是否符合操的特点等。

（4）是否在规定的节拍内完成队形的变化。

（5）队形变化质量。队形变化的自然流畅和整齐度，行进间动作，音乐节奏等。

对以上因素参照表2－5制定的评分标准。前三个因素应从整体角度把握评分尺度，后两个因素要根据错误人数的比例确定扣分幅度。

4. 领操员的评分

如果在竞赛过程中设有领操员单项奖，要对领操员制定单独的评分标准。主要评分内容有指挥（口令、指挥位置、报告词等）、示范动作（镜面或背面、位置、动作质量等）与精神面貌（仪态、仪表等）等。

5. 音乐的评分

规定动作的音乐通常由大会提供，统一播放。自选动作的音乐由参赛队自由选编，单独制成光碟，按要求正式比赛前交由大会统一播放。对选用的音乐，是以与队员的动作、节奏、风格等配合的情况作为主要评分内容。

（三）计分与示分

1. 计　分

（1）累积计分法

累积计分法分为两种，一是直接取累积分为最后得分；二是取累积平均分为最后得分。

直接取累积分为最后得分的前提是：各裁判员的起评分之和为某项评分内容的最高分值或各裁判组的起评分之和为全场得分的最高分值。其计算公式为：

某项评分内容的最后得分＝裁判1评分＋裁判2评分＋……

全场最后得分＝质量裁判组评分＋领操员裁判组评分＋队形变化裁判组评分＋……－人数缺席等因素的扣分

取累积平均分为最后得分的前提是：各裁判员的起评分为某项评分内容的最高分值。其计算公式为：

$$\frac{\text{各裁判员评分之和}}{\text{裁判员人数}}=\text{最后得分}$$

（2）取中计分法

取中计分法是指去掉裁判员评分中的最高分和最低分，取中间分的平均数为最后得分。

在整个基本体操比赛中，上述计分法可综合运用。各项裁判组得分可采用累积平均分或取中计分；全场得分通常直接取累积分为最后得分。

2. 示　分

示分方法通常有下列两种。

（1）裁判员公开示分，裁判长示最后得分

裁判员当众示分后，由记录员按计分方法算出最后得分，然后由裁判长当场示分。

（2）裁判员不示分，由裁判长示分

裁判员评分后交传分员或由传分器将分传至裁判长处。计算后，由裁判长当众示最后得分。

如果比赛规模大，参赛人数多，评分因素多，时间紧，可采用间隔一队的延迟示分方法，即一队比赛结束后，公布前一个队的比赛成绩。这种延迟示分法能保证比赛紧凑有序，不冷场。但要求播音密切配合，及时宣告。

思考题：

1. 基本体操比赛的特点和作用是什么？
2. 基本体操竞赛规程包括哪些内容？
3. 基本体操比赛的评分因素有哪些？

第九节　基本体操成套动作实例

第一套　原地徒手体操

第一节　伸展运动（4个8拍）

预备　1　2　3　4

预备姿势：直立。

第一个8拍

1拍　左脚侧出一步成开立，同时臂前举。

2拍　臂上举。

3拍　臂侧举。

4拍　还原成直立。

5～8拍　同1～4拍，换出右脚。

第二、三、四个8拍同第一个8拍。

【要求及注意事项】动作舒展。

第二节　扩胸运动（4个8拍）

预备　1　2　3　4

预备姿势：直立。
第一个8拍
1拍　臂经前至胸前平屈后振（两手握拳，拳心向下）。
2拍　左脚向前一大步成弓步，同时臂经前至侧举后振。
3拍　臂经前向下后振。
4拍　左脚蹬回，还原成直立。
5~8拍　同1~4拍，但出右脚。
第二、三、四个8拍同第一个8拍。
【要求及注意事项】扩胸时臂要平，上体保持正直，成弓步时脚跟不提起。

第三节　踢腿运动（4个8拍）

预备

1

2

3

4

预备姿势：直立。
第一个8拍
1拍　左脚向前一步（重心移至左脚上，右脚点地），同时臂上举（掌心向前）。
2拍　右脚前踢，同时臂经前、下后摆（掌心向后）。
3拍　还原成1拍的姿势。
4拍　左脚收回，还原成直立。
5~8拍　同1~4拍，但出右脚踢左腿。
第二、三、四个8拍同第一个8拍。
【要求及注意事项】踢腿时上体保持正直。

第四节　体侧运动（4个8拍）

预备姿势：直立。
第一个8拍
1拍　左脚侧出一步，脚尖点地，同时臂侧举。

预备

1

2、3

4

2 拍　左手叉腰，同时右臂上举，上体左侧屈。

3 拍　还原成 1 拍的姿势。

4 拍　还原成直立。

5 ~8 拍　同 1 ~4 拍，但动作方向相反。

第二、三、四个 8 拍同第一个 8 拍。

【要求及注意事项】体侧屈时两腿和上举臂要直，不要转体或前倾。

第五节　体转运动（4 个 8 拍）

预备

1、3

2

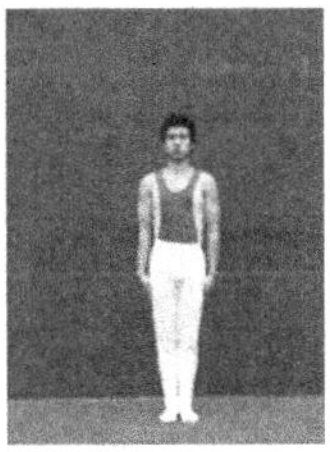
4

预备姿势：直立。

第一个 8 拍

1 拍　左脚侧出一步（稍宽于肩）成开立，同时臂侧举。

2 拍　上体左转（约 90 度），同时两手叉腰。

3 拍　还原成 1 拍的姿势。

4 拍　还原成直立。

5 ~8 拍　同 1 ~4 拍，但动作方向相反。

第二、三、四个 8 拍同第一个 8 拍。

【要求及注意事项】上体转动时腿要直，两脚不移动。

第六节　腹背运动（4 个 8 拍）

预备　1　2　3　4

预备姿势：直立。

第一个 8 拍

1 拍　左脚侧出一步成开立，同时臂上举（掌心向前，抬头，体稍后屈）。

2 拍　上体前屈，手指触地。

3 拍　上体稍抬起再体前屈一次，掌根触地。

4 拍　还原成直立。

5 ~8 拍　同 1 ~4 拍，但出右脚。

第二、三、四个 8 拍同第一个 8 拍。

【要求及注意事项】上体前屈保持两膝伸直，两次体前屈要连续，有弹性。

第七节　全身运动（4 个 8 拍）

预备　1、3　2　4

预备姿势：直立。

第一个 8 拍

1 拍　左脚向前一大步成弓步，同时臂侧上举。

2 拍　上体前屈，同时臂经前至后举。

3 拍　身体抬起，还原成 1 拍的姿势。

4 拍　还原成直立。
5 ~8 拍　同 1 ~4 拍，但出右脚。
第二、三、四个 8 拍同第一个 8 拍。
【要求及注意事项】弓步时，后腿蹬直，脚跟不提起。

第八节　跳跃运动（4 个 8 拍）

预备　1、3　2　4

预备姿势：直立。
第一个 8 拍
1 拍　跳成左右开立，同时臂侧举。
2 拍　跳成并立，同时臂上举击掌。
3 拍　跳成 1 拍的姿势。
4 拍　跳成直立。
5 ~8 拍　同 1 ~4 拍。
第二、三、四个 8 拍同第一个 8 拍。
【要求及注意事项】用前脚掌起跳，动作连贯、有弹性。向上跳时两腿要充分蹬伸。头上击掌时，颈部正直，臂基本伸直。

第二套　原地棍操

第一节　伸展运动（4 个 8 拍）

预备姿势：直立，正握棍两端，体前下垂。
第一个 8 拍
1 拍　左脚侧出一步成开立，同时臂前举。
2 拍　臂经上举至肩侧屈，棍触颈部，稍低头。
3 拍　还原成 1 拍的姿势。

预备

1、3

2

4

4 拍　还原成预备姿势。

5 ~8 拍　同 1 ~4 拍，但出右脚。

第二、三、四个 8 拍同第一个 8 拍。

【要求及注意事项】动作伸展。

第二节　下蹲运动（4 个 8 拍）

预备

1、3

2

4

预备姿势：直立，正握棍中（同肩宽），体前下垂。

第一个 8 拍

1 拍　左腿侧举（约 45 度），同时臂前举。

2 拍　左腿收回，屈膝半蹲，同时向右转棍 180 度至臂胸前平屈（左臂在上）。

3 拍　还原成 1 拍的姿势。

4 拍　还原成预备姿势。

5 ~8 拍　同 1 ~4 拍后，但举右腿，向左转棍。

第二、三、四个 8 拍同第一个 8 拍。

【要求及注意事项】保持上体垂直。转棍时，两手变掌，虎口夹棍。

第三节　踢腿运动（4 个 8 拍）

预备姿势：棍立于体前，右手扶棍上端直立。

预备

1~2

8

1~2

8

第一个 8 拍

1 ~2 拍　左腿前踢向内摆越棍（里合腿），同时右手离棍，左手扶棍成直立。

3 ~4 拍　右腿前踢向内摆越棍（里合腿），同时左手离棍，右手扶棍成直立。

5 ~8 拍　同 1 ~4 拍，第 8 拍换左手扶棍。

第二个 8 拍

1 ~2 拍　左腿右前踢向外摆越棍（外摆腿），同时左手离棍，右手扶棍成直立。

3 ~4 拍　右腿左前踢向外摆越棍（外摆腿），同时右手离棍，左手扶棍成直立。

5 ~8 拍　同 1 ~4 拍，第 8 拍换右手扶棍。

第三、四个 8 拍同第一、二个 8 拍。

【要求及注意事项】两腿伸直，重心平稳。两手及时交换扶棍，保持棍与地面垂直。

第四节　体侧运动（4 个 8 拍）

预备

1

2、3

4

预备姿势：直立，正握棍两端，体前下垂。

第一个 8 拍

1 拍　左脚侧出一步，脚尖点地。同时左臂胸前平屈至棍端触肩，右臂侧举，右手滑棍。

2 ~3 拍　右臂上举，同时上体向左侧屈两次。

4 拍　还原成预备姿势。

5 ~ 8 拍　同 1 ~ 4 拍，但方向相反。

第二、三、四个 8 拍同第一个 8 拍。

【要求及注意事项】滑棍后手变掌，虎口夹棍。体侧屈时，两膝保持伸直，棍贴耳。体侧屈时动作连贯，富有反弹，第二次侧屈幅度加大。

第五节　体转运动（4 个 8 拍）

预备

1

2

3

4

预备姿势：直立，正握棍两端，体前下垂。

第一个 8 拍

1 拍　左脚侧出一步（稍宽于肩），同时臂经上举至肩侧屈，棍触颈部（稍抬头挺胸）。

2 拍　上体左转（约 90 度）。

3 拍　上体右转（约 180 度）。

4 拍　还原成预备姿势。

5 ~ 8 拍　同 1 ~ 4 拍，但方向相反。

第二、三、四个 8 拍同第一个 8 拍。

【要求及注意事项】转体时上体正直，两膝伸直，两脚不移动。

第六节　腹背运动（4 个 8 拍）

预备姿势：直立，正握棍中（同肩宽），体前下垂。

第一个 8 拍

1 拍　左脚侧出一步成开立，同时臂上举（抬头挺胸，体后屈）。

2 拍　上体左前屈一次，稍抬起。

3 拍　再右前屈，离棍（置棍于右脚前）。

4 拍　还原成直立。

预备　　1　　2　　3　　4

5～8 拍　同 1～4 拍，但出右脚，第 7 拍拾棍。

第二、三、四个 8 拍同第一个 8 拍。

【要求及注意事项】两膝保持伸直，充分屈体。放棍时要轻。

第七节　全身运动（4 个 8 拍）

预备　　1、3　　2　　4

预备姿势：直立，正握棍两端，体前下垂。

第一个 8 拍

1 拍　左脚向前一大步成左弓步，同时臂前上举。

2～3 拍　上体右转向右绕环一周，经右弓步还原成 1 拍姿势。

4 拍　还原成预备姿势。

5～8 拍　同 1～4 拍，但出右脚，向左绕环。

第二、三、四个 8 拍同第一个 8 拍。

【要求及注意事项】绕环幅度大，弓步转换自然。

第八节　跳跃运动（4 个 8 拍）

预备姿势：直立，正握棍中（同肩宽），体前下垂。

第一个 8 拍

1 拍　跳成半蹲，同时臂提棍，屈臂翻腕至棍胸前举（稍低头）。

预备

1、3

2

4

2 拍　跳成左弓步，同时臂向上举棍（抬头挺胸）。

3 拍　跳起还原成 1 拍姿势。

4 拍　跳起还原成预备姿势。

5 ~8 拍　同 1 ~4 拍，但第六拍跳成右弓步。

第二、三、四个 8 拍同第一个 8 拍。

【要求及注意事项】上举动作要有力度，跳跃动作连贯且富有弹性。

第三套　原地球操

第一节　伸展运动（2 个 8 拍）

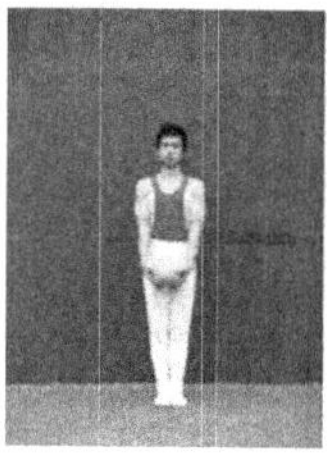
预备

1、3

2

4

预备姿势：体前持球直立。

第一个 8 拍

1 拍　左脚向前一步（重心移至左脚，右脚点地），同时臂经前至胸前屈臂举球（稍低头）。

2 拍　臂前上举（抬头挺胸）。

3 拍　还原成 1 拍的姿势。

4 拍　还原成预备姿势。

5 ~8 拍　同 1 ~4 拍，但换右脚。

第二个 8 拍同第一个 8 拍。

【要求及注意事项】动作舒展。

第二节　四肢运动（4 个 8 拍）

预备

1、3

2

4

预备姿势：左手体侧持球直立。

第一个 8 拍

1 拍　臂经侧举至两手持球上举，同时提踵。

2 拍　左脚侧出一步成侧弓步，上体左侧倾。同时左臂侧举托球，右臂侧上举，掌心向外，眼看球。

3 拍　还原成 1 拍的姿势。

4 拍　右手持球，臂经侧放下成右手体侧持球的预备姿势。

5 ~ 8 拍　同 1 ~ 4 拍，但方向相反。第 8 拍还原成预备姿势。

第二、三、四个 8 拍同第一个 8 拍。

【要求及注意事项】动作伸展。左右手交接球自然。

第三节　踢腿运动（4 个 8 拍）

预备

1、3

2

4

预备姿势：右手体侧持球直立。

第一个8拍

1拍　左脚向左侧出一步，同时左转90度（重心移至左脚上，右脚点地），臂经侧至前上举，双手持球。

2拍　右腿前踢，同时左手持球从右腿后换至右手持球。

3拍　还原成1拍的姿势。

4拍　还原成左手持球的预备姿势。

5~8拍　同1~4拍，但出右脚，踢左腿，右手持球换左手持球。第8拍还原成预备姿势。

第二、三、四个8拍同第一个8拍。

【要求及注意事项】踢腿有力度、幅度，重心稳定。左右手交接球自然协调。

第四节　体侧运动（4个8拍）

预备

1、3

2

4

预备姿势：右手体侧持球直立。

第一个8拍

1拍　左脚侧出一步，脚尖点地，同时臂侧举（掌心向上）。

2~3拍　臂上举双手持球，同时上体向左侧屈两次。

4拍　还原成左手持球的预备姿势。

5~8拍　同1~4拍，但方向相反。

第二、三、四个8拍同第一个8拍。

【要求及注意事项】体侧屈时保持臂、腿伸直，动作富有弹性，第二次屈体幅度加大。

第五节　体转运动（4个8拍）

预备姿势：左手体侧持球直立。

第一个8拍

预备

1

2

3

4

1 拍　左脚侧出一步成开立（稍宽于肩），同时臂侧举。

2 拍　上体左转（约 90 度、左臂不动）至双手持球前举。

3 拍　还原成 1 拍姿势，但右手持球。

4 拍　还原成右手体侧持球的预备姿势。

5 ~ 8 拍　同 1 ~ 4 拍，但方向相反。第 8 拍还原成预备姿势。

第二、三、四个 8 拍同第一个 8 拍。

【要求及注意事项】转体时保持上体正直，两脚不提起。

第六节　腹背运动（4 个 8 拍）

预备

1

2

3

4

预备姿势：体前持球直立。

第一个 8 拍

1 拍　左脚侧出一步成开立（稍宽于肩），同时臂上举（抬头挺胸，体后屈）。

2 ~ 3 拍　上体前屈，同时右手持球从胯下向后换至左手持球，上体经抬起再体前屈一次，同时左手持球绕过左腿从胯下向后换至右手持球（持球胯下绕“8”字）。

4 拍　上体抬起还原成预备姿势。

5 ~ 8 拍　同 1 ~ 4 拍，但“8”字绕环方向相反。

第二、三、四个 8 拍同第一个 8 拍。

【要求及注意事项】体前屈两腿伸直，2 ~3 拍动作连贯，交换球自然、协调。

第七节　全身运动（4 个 8 拍）

预备

1、3

2

4

预备姿势：体前持球直立。

第一个 8 拍

1 拍　左脚向左前一大步成左弓步，同时臂前上举（稍抬头挺胸）。

2 ~3 拍　上体右转向右绕环一周，经右弓步还原成 1 拍姿势。

4 拍　还原成预备姿势。

5 ~8 拍　同 1 ~4 拍，但出右脚向右绕环。

第二、三、四个 8 拍同第一个 8 拍。

【要求及注意事项】上体绕环时动作幅度要大，弓步转换自然。

第八节　跳跃运动（4 个 8 拍）

预备姿势　屈臂胸前持球直立。

第一个 8 拍

1 拍　双脚跳起左腿屈膝后踢，右脚落地，同时球触左肩。

2 拍　右脚跳起并腿落地，屈膝半蹲，球胸前举。

3 拍　双脚跳起右腿屈膝后踢，左脚落地，同时球触左肩。

4 拍　同 2 拍，但左脚跳起。

5 拍　跳起成左右开立，屈膝半蹲。同时垂直向上抛球。

6 拍　跳起成并腿屈膝半蹲，两手接球成屈臂胸前举。

7 ~8 拍同 5 ~6 拍。

第二、三、四个 8 拍同第一个 8 拍。

【要求及注意事项】用前脚掌起跳，动作连贯且富有弹性和节奏感。

预备

1

2、4

3

5、7

6、8

第四套　原地哑铃操

第一节　上肢运动（4 个 8 拍）

预备

1

2

3

4

预备姿势：持铃直立。

第一个 8 拍

1 拍　左脚侧出一步成开立，同时臂前举击铃。

2 拍　臂后下举体后击铃。

3 拍　臂经侧上举击铃（稍抬头）。

4 拍　臂经侧还原成预备姿势。

5 ~ 8 拍　同 1 ~ 4 拍，但出右脚。

第二、三、四个 8 拍同第一个 8 拍。

【要求及注意事项】动作过程中两臂伸直。

第二节　下蹲运动（4 个 8 拍）

预备　1　2　3　4

预备姿势：持铃直立。

第一个 8 拍

1 拍　左脚侧出一步成开立，同时臂侧举。

2 拍　臂上举击铃。

3 拍　左脚收回两腿并拢，屈膝半蹲，同时臂前举击铃。

4 拍　还原成预备姿势。

5 ~8 拍同 1 ~4 拍，但出右脚。

第二、三、四个 8 拍同第一个 8 拍。

【要求及注意事项】动作过程中两臂伸直。

第三节　扩胸运动（4 个 8 拍）

预备姿势：持铃直立。

第一个 8 拍

1 拍　左脚向前一大步成左弓步，同时臂经前至胸前平屈后振。

2 拍　臂经前至侧举后振。

3 ~3 拍　臂前举连续快速击铃两次（一拍之内）。

4 拍　臂向下经侧后摆。

5 拍　臂经侧上举。

6 拍　臂向外放下至侧举。

7 ~7 拍　臂上举头连续快速击铃两次（一拍之内）。

8 拍　臂经侧放下还原成预备姿势。

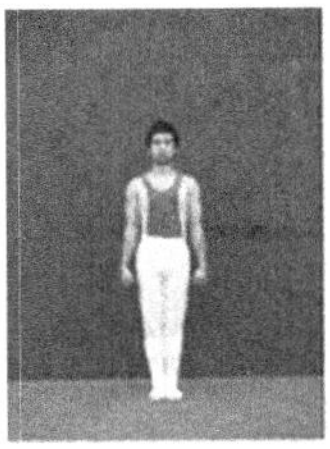
预备

1

2

3

4

5

6

7

8

第二个8拍同第一个8拍，但出左脚。第三、四个8拍同第一、二个8拍。

【要求及注意事项】弓步后腿蹬直，脚跟不离地。扩胸有弹性。在喊口令时，“3～3”和“7～7”连呼，均占1拍。

第四节 踢腿运动（4个8拍）

预备

1、3

2

4

预备姿势：持铃直立。

第一个8拍

1拍 左脚向前一步（重心移至左脚上，右脚点地），同时臂经侧至上举击铃。

2拍 右腿前踢，同时臂向前至右腿后击铃。

3拍 臂经侧至上举击铃还原成1拍姿势。

4拍 还原成预备姿势。

5～8 拍　同 1～4 拍，但出右脚、踢左腿。

第二、三、四个 8 拍同第一个 8 拍。

【要求及注意事项】动作过程中，体正腿直，重心稳定。

第五节　体侧运动（4 个 8 拍）

预备

1

2

3

4

预备姿势：持铃直立。

第一个 8 拍

1 拍　左脚侧出一步成开立，同时臂侧举。

2 拍　臂向下至体前击铃（稍低头）。

3 拍　上体左侧屈，同时臂向外经侧至上举击铃（稍抬头）。

4 拍　臂经侧放下还原成预备姿势。

5～8 拍　同 1～4 拍，但出右脚，向右体侧屈。

第二、三、四个 8 拍同第一个 8 拍。

【要求及注意事项】体侧屈时不要转体，两臂保持在额状面上运动。

第六节　体转运动（4 个 8 拍）

预备姿势：持铃直立。

第一个 8 拍

1 拍　左脚侧出一步成开立（稍宽于肩），同时臂侧举。

2 拍　上体左转（约 90 度），左臂不动，同时右臂前举击左铃。

3 拍　还原成 1 拍姿势。

4 拍　臂向下至体前击铃（稍低头）。

5 拍　还原成 1 拍姿势。

6 拍　上体右转（约 90 度），右臂不动，同时左臂前举击右铃。

7 拍　还原成 1 拍姿势。

预备

1、3、5、7

2

4

6

8

8 拍　还原成预备姿势。

第二个 8 拍同第一个 8 拍，但出右脚，先向右转。第三、四个 8 拍同第一、二个 8 拍。

【要求及注意事项】转体时上体正直，保持两腿伸直，脚跟不提起。

第七节　腹背运动（4 个 8 拍）

预备

1

2

3

4

预备姿势：持铃直立。

第一个 8 拍

1 拍　左脚侧出一步成开立（稍宽于肩），同时臂经侧至上举击铃（抬头挺胸，体后屈）。

2 拍　上体左前屈，左腿后击铃。

3 拍　上体经抬起再右前屈，右腿后击铃。

4 拍　还原成预备姿势。

5 ~ 8 拍　同 1 ~ 4 拍，但出右脚，前屈动作先右后左。

第二、三、四个 8 拍同第一个 8 拍。

【要求及注意事项】两腿伸直，屈体充分和富有弹性。

第八节　跳跃运动（4 个 8 拍）

预备

1

2、4

3

5

6

7

8

预备姿势：直立，持铃提至腰际。

第一个 8 拍

1 ~ 2 拍　连续两次向上跳起，左臂经上举还原，落地还原成预备姿势。

3 ~ 4 拍　同 1 ~ 2 拍，但换右臂。

5 拍　跳成左右开立，同时臂侧举。

6 拍　跳成并立，屈膝半蹲，同时臂上举击铃。

7 拍　跳成左右开立，再击铃一次。

8 拍　跳起还原成预备姿势。

第二、三、四个 8 拍同第一个 8 拍。

【要求及注意事项】跳跃动作连贯，富有弹性。单臂上举（冲拳）时，有力度，充分打开肩角。直臂击铃。

第五套　原地绳操

第一节　上肢运动（4 个 8 拍）

预备

1

2、4

3

5-6

7

8

预备姿势：将绳折成三折，体前握绳两端直立。

第一个 8 拍

1 拍　左脚侧出，脚尖点地，同时左臂侧举，右臂上举（眼看左侧）。

2 拍　还原成预备姿势。

3 拍　右脚侧出，脚尖点地，同时右臂侧举，左臂上举（眼看右侧）。

4 拍　还原成预备姿势。

5 ~6 拍　左手由前向右绕头一周成体后持绳的直立。

7 ~8 拍　右手由后向左绕头一周还原成预备姿势。

第二个 8 拍同第一个 8 拍，但动作相反。第三、四个 8 拍同第一、二个 8 拍。

【要求及注意事项】一手绕头环绕时，另一手保持不动，保持绳拉直。

第二节　伸展运动（4 个 8 拍）

预备姿势：将绳折成四折，体前握绳两端直立。

预备

1、3

2

4

第一个 8 拍

1 拍　左脚侧出一步成开立，同时臂经前至胸前屈（两肘内夹，稍低头）。

2 拍　向左转体 90 度（重心移至左脚上，右脚点地），同时臂上举（抬头挺胸）。

3 拍　还原成 1 拍的姿势。

4 拍　还原成预备姿势。

5 ~ 8 拍　同 1 ~ 4 拍，但出右脚，向右转。

第二、三、四个 8 拍同第一个 8 拍。

【要求及注意事项】动作舒展。

第三节　踢腿动作（4 个 8 拍）

预备

1

2

3

4

预备姿势：将绳折成四折，体前握绳两端直立。

第一个 8 拍

1 拍　左脚向前一步，重心移至左脚上，右脚点地，同时臂上举（抬头挺胸）。

2 拍　右腿前踢，同时两臂经前向右侧后摆。

3 拍　还原成 1 拍的姿势。

4 拍　还原成预备姿势。

5 ~ 8 拍　同 1 ~ 4 拍，但出右脚，踢左腿，两臂左侧后摆。

1、3

2

4、6

5、7

8

第二个 8 拍
1 拍　左腿侧踢，同时右臂上举，左臂胸前屈，手触右肩。
2 拍　还原成预备姿势。
3 ~4 拍　同 1 ~2 拍，但动作相反。第 4 拍成半蹲。
5 拍　两腿伸直，左腿后踢。同时臂上举后振（抬头挺胸）。
6 拍　同 4 拍。
7 拍　同 5 拍，但踢右腿。
8 拍　还原成预备姿势。
第三、四个 8 拍同第一、二个 8 拍。
【要求及注意事项】动作过程中保持绳拉直。踢腿时，腿直，有力度。

第四节　体侧运动（4 个 8 拍）

预备

1

2、3

4

预备姿势：将绳折成四折，体前握绳两端直立。
第一个 8 拍
1 拍　左脚侧出一步，脚尖点地，同时右臂上举，左臂胸前屈（手触肩）。
2 ~3 拍　上体左侧屈两次。
4 拍　还原成预备姿势。
5 ~8 拍　同 1 ~4 拍，但出右脚，向右侧屈。

第二、三、四个 8 拍同第一个 8 拍。

【要求及注意事项】体侧屈时两腿伸直，第二次体侧屈加大幅度，动作连贯，有弹性。

第五节　体转运动（4 个 8 拍）

预备　1　2　3　4

预备姿势：将绳折成四折，体前握绳两端直立。

第一个 8 拍

1 拍　左脚侧出一步成开立（稍宽于肩），同时臂前举。

2 拍　上体左转（约 90 度），同时左臂侧举，右臂胸前平屈（眼看左手）。

3 拍　上体右转（约 180 度），同时右臂侧举，左臂胸前平屈（眼看右手）。

4 拍　还原成预备姿势。

5 ~ 8 拍　同 1 ~ 4 拍，但出右脚，先向右转。

第二、三、四个 8 拍同第一个 8 拍。

【要求及注意事项】转体时两腿伸直，脚跟不提起，动作到位。

第六节　腹背运动（4 个 8 拍）

预备　1　2　3　4

预备姿势：将绳折成三折，体前握绳两端直立。

第一个 8 拍

1 拍　左脚侧出一步，同时臂侧上举（抬头挺胸，体后屈）。

2 拍　左脚收回，同时体前屈。

3 拍　上体抬起，同时左脚向前一步成左弓步，臂前侧上举。

4 拍　还原成预备姿势。

5 ~8 拍　同 1 ~4 拍，但出右脚。

第二、三、四个 8 拍同第一个 8 拍。

【要求及注意事项】充分屈体。弓步时后腿蹬直，脚跟不提起。

第七节　平衡运动（2 个 8 拍）

预备

1

2~7

8

预备姿势：握绳两端，两臂外张，两脚踩绳直立。

第一个 8 拍

1 拍　左脚向前一步。

2 ~4 拍　重心移至左脚，同时上体前屈，右腿后举成俯平衡。

5 ~6 拍　静止不动。

7 ~8 拍　还原成预备姿势。

第二个 8 拍同第一个 8 拍，但出右脚，举左腿。

【要求及注意事项】两臂伸直用力拉紧绳，后举腿不低于髋水平，保持重心平衡。

第八节　跳跃运动（4 个 8 拍）

预备姿势：握绳两端，前臂侧举，绳在体后悬垂的直立。

第一个 8 拍

1 ~2 拍　双脚跳起，正摇绳一次，双脚落地后垫跳一次。

3 ~8 拍　重复 1 ~2 拍三次。

预备

1~8

第二个 8 拍

1~2

3~8

1 ~2 拍　左脚单脚跳起，正摇绳一次，左脚落地再垫跳一次。

3 ~8 拍　重复 1 ~2 拍三次。第 8 拍右脚落地。

第三个 8 拍同第二个 8 拍，但换右脚。第 8 拍双脚落地。

第四个 8 拍同第一个 8 拍，最后一拍停绳。

【要求及注意事项】用前脚掌起跳，动作连贯协调，富有弹性。

（胡建国　郑湘平　韦广忠　钟明宝　郑春梅）

第三章　竞技体操

第一节　竞技体操的特点

竞技体操是通过徒手或在器械上完成不同类型、不同难度动作，以动作质量为前提，追求难美的技能类体育竞赛项目。男子项目有自由体操、鞍马、吊环、跳马、双杠和单杠 6 项；女子项目有跳马、高低杠、平衡木和自由体操 4 项。竞技体操有特定的竞赛规程和评分规则，以争取优胜为直接目的，它对人的体能、技术和心理等方面提出了更高的要求。

一、求难创新，充分挖掘人体运动潜能

一套竞技体操动作的价值主要体现在高难动作的数量、动作组别、编排等方面。由于材料科学的发展和训练方法及手段的科学化，动作难度发展越来越大，高水平运动员的成套动作中高难度数量大大提高，对运动员的能力提出了很高的要求。创新在现代竞技体操的发展中占有很重要的地位，新的动作技术和方法，新的训练方法和手段使更多的难新动作出现。新的编排和连接能提升成套动作的难度价值。因此，竞技体操技术的发展，要求不断创新，只有不断创新，才能使竞技体操的发展更具有生命力。

二、全面和有重点地锻炼人体

竞技体操是体育运动的基础项目。项目多，动作类型全，而且有简有繁，最能全面锻炼人体，能全面提高练习者的力量、柔韧、灵巧、协调、平衡等身体素质；可根据实际需要有选择地锻炼身体局部和各器官，增强各器官、系统的功能；培养练习者的节奏感、表现力和勇敢、顽强、果断的意志品质；尤其对提高练习者的前庭分析器的功能有独特的作用。

三、教学和训练中广泛采用保护与帮助

竞技体操运动包括各种不同的器械、不同的动作类型和不同的动作难度。许多动作是人为设计的，技术性强。练习者在完成这些动作时，通常处于一种异常或复杂的运动状态，有可能因失误而产生伤害事故。同样，一些具有一定难度、技术复杂的动作很难独立地学习和掌握。所以，在竞技体操教学和训练中采用保护帮助是十分必要的。保护帮助既是预防伤害事故的安全措施，又是学习难新动作的有效教学手段。

四、具有一定的艺术性

竞技体操动作不仅难度大，编排新颖，而且要完成度高、动作优美，它是体育与艺术的高度结合。所以，在运动项目的分类中，竞技体操属于技能主导类表现难美性项群。从运动员的形体、服饰、音乐到完成动作时的造型、力度、幅度、节奏、表现力等无一不体现出竞技体操独特的艺术性。

思考题：

1. 什么是竞技体操？
2. 竞技体操的特点是什么？

第二节　竞技体操竞赛基本知识

人们通常说的体操比赛是指竞技体操比赛。目前，国际体联所举办的正式的体操赛事有奥运会体操比赛、世界体操锦标赛和世界杯体操比赛。国内主要体操赛事有全国运动会体操比赛、全国体操锦标赛、全国体操冠军赛等。

一、国际竞技体操三大赛事

（一）奥运会体操比赛

1896 年在希腊举行的奥运会上的体操比赛是最早的国际体操比赛，每 4 年一届（因两次世界大战 1916 年第 6 届、1940 年第 12 届、1944 年第 13 届未举行）。第 1 届奥运会体操比赛项目除双杠、单杠、鞍马、吊环等器械体操外，还有跳远、

铅球、100码、跳高、撑杆跳、爬绳、火棒、拔河等项目，主要是欧洲一些国家参加。到1928年第9届奥运会，才有女子参加体操比赛。奥运会体操比赛的参赛资格是：奥运会前一年的世界体操锦标赛的团体前12名和符合有关规定的个人，年龄应满16周岁。因此，奥运会体操比赛是世界最高水平的赛事，历来受到各个会员国的高度重视。

（二）世界体操锦标赛

世界体操锦标赛是国际体联组织的最大规模的世界体操大赛。始于1903年，前6届每2年一届，第7届改为每4年一届（中途因两次世界大战中断两届），与奥运会间隔举行。1978年后又改为每2年一届。从1991年起改为年度比赛，并分别为世界单项锦标赛、团体和个人世界锦标赛、有限制的团体和个人世界锦标赛，时间和地点由理事会或执委会根据章程决定。

（三）世界杯体操比赛

世界杯体操比赛1975年开始，1990年第8届后取消。1997年国际体联又开始组织世界杯体操比赛（世界体操大奖赛）。世界杯赛由世界杯系列赛（巡回赛）总决赛构成，总决赛两年一个周期，规定在偶数年举行，世界杯决赛被称为世界上最优秀运动员的体操比赛。

二、竞技体操比赛的办法

1956年以前，竞技体操比赛只进行规定动作和自选动作两次比赛，根据这两次比赛的成绩确定团体、全能和单项名次。在1956年墨尔本奥运会上，试行体操单项决赛。从1972年起开始，在国际体操大赛中实行3种比赛。从1997起，将实行了25年的3种比赛改为4种比赛，同时取消了规定动作的比赛。根据国际体操联合会的技术规程规定，目前的竞技体操比赛办法分为四种比赛。

第一种比赛——预赛：通过预赛确定其他3种比赛的决赛资格。预赛中团体成绩的记分办法采用6－5－4制。

第二种比赛——个人全能决赛：预赛中全能成绩较优的前24名运动员参加该种比赛，每个单位最多2名。可以有4名替补运动员。

第三种比赛——个人单项决赛：预赛中单项成绩较优的前8名运动员参加该种比赛，每个单位最多2名。可以有3名替补运动员。

第四种比赛——团体决赛：预赛中团体成绩较优的前8个队参加该种比赛。决赛中团体成绩的记分办法采用6－3－3制。

三、竞技体操比赛与观赏

竞技体操比赛是检验体操教学和训练成效的有效手段；是宣传、推广竞技体操运动，吸引大众参加竞技体操锻炼的好形式；是相互交流，相互学习，选拔人才，培养人才提高运动技术水平的重要途径。通过比赛能培养运动员顽强拼搏、勇攀高峰的积极进取精神。同时对促进体操运动的发展有极其重大的意义。

（一）自选动作比赛的评分与观赏

竞技体操比赛的评分执行的是国际体操联合会的“技术规程”和“评分规则”。了解竞技体操的评分，对我们观赏竞技体操比赛有一定的帮助。

所有国际体联的正式比赛（世锦赛、奥运会、世界杯总决赛），单项裁判组由以下裁判组成。4 种比赛的要求是一致的。A 组裁判 2 名，A1 为单项裁判组负责人，在比赛时评定运动员完成的动作内容，确定 A 分。B 组裁判 6 名。在比赛时对运动员完成动作的错误从 10 分开始，以 0.1 分为单位进行扣分。辅助裁判若干名，根据项目安排。2 名自由体操视线裁判、1 名跳马视线裁判、1 名自由体操/热身时间的计时裁判，另外各项目有记分员、跑分员、计算机操作员等辅助人员。

比赛中裁判组座位安排是：A 组裁判一般在比赛器械前排成一列就坐，彼此间隔一定的距离。B 组裁判从 A 组裁判的左侧开始顺时针方向就坐在器械周围。

运动员的最后得分 = A 分 + B 分 - 其他违规扣分。

A 分是由 2 名裁判共同协商确定。A 分的内容包括：10 个难度动作的价值之和（最好的 9 个动作，加上下法）、连接分值（根据不同项目的特殊规定）、动作组别（动作类型）价值。

B 分是 B 组裁判的平均分。6 名裁判时，去掉最高和最低分，取 4 个中间分的平均分。4 名裁判时，去掉最高和最低分，取 2 个中间分的平均分。中间分的有效分差不能超出有关规定。

其他违规扣分指的是违反体育道德、时间规定和出界等。

竞技体操成为竞赛项目已有 100 多年的历史，四种比赛共有 14 块金牌，在体育竞赛中占有很重要的地位。由于项目的特点、技术的发展和竞赛制度的改革，也使其更具观赏性，并深受广大观众的喜爱。

1. 艺术性

竞技体操的英文全称是 Artistic Gymnastics，Artistic 的英文意思是艺术的、美术的、艺术性强的等。竞技体操属于技能主导类表现难美性项群，是体育与艺术的高度结合，艺术性是体操的特点之一。体操运动的美包括服装美、音乐美、行为美、形体美、动作美等。评分规则对运动员完成动作的艺术性有明确的规定：“运动员的成套动作只能包括那些他有能力完成的、完全安全的、具有高度的美观性和熟练性的动作”，“每一个动作都有完美的结束姿势的定义或完美地完成该动作的定义”，“运动员不能以牺牲技术和艺术性为代价提高难度或 A 分”。完美的完成动作主要表现在动作的姿势、造型、表情、幅度、力度、节奏、韵律；动作的自然流畅，刚柔相济；女子自由体操动作与音乐的配合与和谐；等等。完美的动作给人以艺术的享受。对运动员完成动作过程中任何有损于艺术性的表现，裁判员均要对其进行扣分。竞技体操在强调动作难度的同时，更追求动作的完美。“难”与“美”是竞技体操项目最显著的特点。“难”与“美”的高度统一是竞技体操技术发展的总趋势。

2. 惊险性

竞技体操动作内容丰富，有难有易。在竞技体操比赛中，难度反映运动员一套动作的物质价值。难度是指难度组别与数量、难度连接、动作组别。它是构成 A 分的重要因素。1997 年取消规定动作比赛以后，自选动作的难度发展迅速。2006 年国际体操评分规则在难度组与难度价值上，形成了真正的对应统一。在所有的比赛中，自由体操、鞍马、吊环、双杠、单杠、高低杠、平衡木的成套动作的难度价值计算如下：

男子：	难度	A 组	B 组	C 组	D 组	E 组	F 组	
	分值	0.1 分	0.2 分	0.3 分	0.4 分	0.5 分	0.6 分	
女子：	难度	A 组	B 组	C 组	D 组	E 组	F 组	G 组
	分值	0.1 分	0.2 分	0.3 分	0.4 分	0.5 分	0.6 分	0.7 分

在运动员最后得分上，突破了传统的最高分为 10 分的限制。采取 A 分往上加，不封顶，B 分从 10 分往下减的评分方式。A 分的高低关键在于动作的难度，优秀运动员成套动作，在构成 A 分的 10 个动作中，D、E、F 组难度动作高达 80%。如此多的高难度动作以及高难动作的直接连接，提高了竞技体操比赛的惊险程度，使竞技体操比赛变得更加精彩。

3. 竞争性

竞技体操是个人项目，没有直接接触和对抗，但赛场上的竞争仍然十分激烈。赛的是技术，比的是心理。由于竞技体操竞赛制度的改革，团体决赛实行 6－3－3

赛制，运动员可以只参加单项比赛，许多运动员选择从单项突破，单项的技术水平迅速提高，使竞技体操比赛更加激烈。在现代竞技体操比赛中，强手之间的差距在缩小，胜负往往是在最后一名运动员的最后一个动作的落地后才见分晓。运动员的比赛成绩及时地公示，分差一目了然。比赛中对手和队友动作的成败对后续运动员的比赛产生巨大影响。从某种意义上讲，高水平的竞技体操比赛，是一场“没有硝烟的心理战”。与其说是与对手比赛，不如说是战胜自我。所以，心理训练是体操训练的重要内容。

4. 创新性

在竞技体操比赛的解说中，观众经常会听到托马斯、特卡切夫、李宁 1、李宁 2、程菲跳、季阿米多夫、希里夸尔、俄式挺身转体等等这样的动作名称。这是按照国际惯例，以第一次在国际竞技体操大赛中成功完成该动作的运动员的名字或运动员的国名命名的动作名称。竞技体操评分规则的难度表中越来越多此类命名动作，这是创新的结果。创新，既符合事物发展的规律，又是时代的要求。创新，是竞技体操的生命，是制胜的法宝。竞技体操运动在不断的创新过程中得到发展。竞技体操创新包括技术创新、动作创新、编排连接的创新等。一种新技术的创新，会给竞技体操带来一场革命性的变化。巧妙、新颖的编排连接，不仅给人耳目一新的感觉，还能提高成套动作的价值。动作类型的多样化、动作高难化、连接直接化、突出动力化、呈现立体化、体现个性化是现代高水平竞技体操成套动作的重要特征。

5. 多样性

竞技体操的项目多，每个项目有不同的动作组别，每个动作组别中又有众多的不同难度的动作，每一个动作又有一个编号。竞技体操评分规则规定：“计算难度和连接加分时，不能重复同一动作（包括相同编号的动作）”。“重复动作（包括相同编号的动作）不能构成 A 分”。“重复可以允许，但是不能认可难度和加分，而且 B 裁判组要对其进行评分”。由于某些项目的特殊性和内容特点，对可以重复的动作也有严格的限制。成套动作内容的丰富多样，提高了竞技体操比赛的观赏性。

6. 熟练性

熟练性与 A 分和 B 分有直接的关系。评分规则对运动员完成动作的熟练性有明确的规定：“运动员的成套动作只能包括那些他有能力完成的、完全安全的、具有高度的美观性和熟练性的动作。完成质量很差的动作不能得到 A 裁判组的认可，B 裁判组也要扣分”。2006 年竞技体操评分规则加重了完成情况的扣分。完成情况的扣分，由原来的小错扣 0. 1 分、中错扣 0. 2 分、大错扣 0. 3 分、掉下扣 0. 5 分增加到小错扣0.1分、中错扣0.3分、大错扣0.5分、掉下扣0.8分。动作完成分最高分数为10分。B裁判组有责任对每一个动作中的两类错误（技术和艺术）进行扣分，扣分与某一动作或某一成套动作的难度无关。这就保证了运动员的安全和竞技体操运动向着“难”与“美”高度统一的方向发展。没有熟练性的高难动作及连接只能是“得不偿失”。在竞技体操比赛中，高难度的成套动作却得不到高分常有发生。熟练性的标准是：最大的幅度，动人的节奏，动作极限的力学效果，轻松自如，干净利索。

7. 稳定性

稳定性是指运动员在比赛中是否能发挥出日常的训练水平。竞技体操比赛中，每一个动作和连接技术的稳定发挥，甚至超水平地发挥是至关重要的。尤其是落地的稳定性，越来越引起教练员、运动员的重视。高水平的竞技体操比赛，特别是在决赛中，运动员的实力相当，冠亚军之间的区分要精确到小数点后第二位，甚至是第三位，稍有失误，就会与冠军失之交臂。一套动作既难又美，再以一个稳定的落地结束，才会给裁判和观众留下深刻的印象。

（二）各项目比赛与观赏

现代竞技体操正式比赛项目男子有自由体操、鞍马、吊环、跳马、双杠和单杠六项，是1936年第11届奥运会上确定下来的。女子有跳马、高低杠、平衡木和自由体操四项，是在1952年第15届奥运会上确定下来的。了解各项目的特点与发展，能帮助我们观赏体操比赛。

1. 自由体操

自由体操是男女共有的比赛项目。1911年第5届世界体操锦标赛上，自由体操成为竞技体操的一个项目，当时动作以徒手体操、用力动作和造型动作为主。场地的长和宽均为8米。由于体操技术的不断发展，特别是技巧翻腾动作数量的增加，场地扩大到长和宽均为12米。女子自由体操在1950年第12届世界体操锦标赛上才被列为正式比赛项目。为了更加充分体现动作优美与表现力，提出了舞蹈要求，在无伴唱的音乐伴奏下完成动作，并且要求运动员的动作能与音乐很好地协调起来。

现代一套自由体操主要由技巧动作组成，它们与其他体操动作（如力量和平衡、柔软动作、倒立及舞蹈等）一起连接组合，构成一套韵律和谐、节奏协调的动作。一套动作应充分利用整个场地，男子在70秒内完成；女子应在90秒内完成。

自由体操中的技巧动作指的是各种滚翻、手翻、空翻等翻腾动作。其内容丰富，形式各样。很多动作可以在草地、沙坑、垫子上练习，是深受青少年、儿童喜爱的一项运动。经常从事技巧运动能增强体质，对于提高前庭分析器的机能、训练肌肉放松和紧张的协调能力、增强关节韧性和骨骼系统，都有良好的影响，并能够培养勇敢、果断、机智等意志品质和团结友爱的协作精神。女子自由体操对提高练习者艺术素养有突出的作用。所以一些较为简单的技巧动作，已成为中小学体育教材的主要内容之一。

观赏自由体操的重点是技巧动作。要有各个方向的技巧动作，成串的技巧动作连接，与其他的体操动作和舞蹈等一起组合成韵律和谐、节奏协调的成套动作。动作难、高、飘、美、稳，动感流畅。运动员用充满活力的表演，感染观众。

2. 鞍 马

鞍马是男子比赛项目之一。鞍马是由古罗马训练兵士的木马演变而成的，当时的木马头、尾、腿、鞍具全，后经斩头去尾的改造而成形。1896 年第 1 届奥运会起列为正式比赛项目。鞍马长 160 厘米，高 105 厘米（距垫子），宽 35 厘米，厚 28 厘米，环高 12 厘米，环间距 40 ~45 厘米（可任意调节）。在鞍马的所有部位，用不同的支撑姿势完成不同的全旋（并腿和分腿）摆动动作、单腿摆动和（或）交叉是现代鞍马项目一套动作的基本特征。允许有经手倒立加转体或不转体的动作，所有动作必须用摆动完成，不能有丝毫的停顿，不允许有力量动作或静止力量动作。经常练习可以发展上肢和腹背力量；提高身体支撑动态下的平衡、协调能力及节奏感。

鞍马是典型的支撑项目。运动员仅靠手的支撑完成复杂的动作，要求运动员有极高的动态中控制身体重心的能力，表现出鞍马比赛的艰难和惊险。高水平的鞍马表演给人以轻盈、活泼、节奏明快、自然流畅、波浪起伏和立体化的感受。

3. 吊 环

吊环是男子比赛项目之一。最初的吊环是作为体操辅助器械的“摆荡环”，1896 年第 1 届奥运会起列为正式比赛项目。吊环环高为 260 厘米（距垫子），两环距 50 厘米，环内径 18 厘米，直径为 2. 8 厘米。一套吊环动作应由比例大致相等的摆动和力量静止动作组成。这些动作和连接是通过悬垂、经过或成支撑，经过或成手倒立来完成的，以直臂完成动作为主。由摆动到静止力量或由静止力量到摆动的过渡是现代吊环项目的显著特点。环带不允许摆动和交叉。吊环能有效地发展人体的肩带、腰腹力量和动态下的控制平衡的能力。

吊环属于支撑和悬垂的混合项目。主要的高难度动作集中在力量动作和静止动作（包括摆动至力量静止动作）上，在活动的支点上控制身体相当困难，力量是基础，所以称之为大力士的项目。运动员在比赛中，动作准确到位，造型优美、稳定。高难的动作与超凡的表演形成对比，使观众无不为之惊叹。力与美、动与静的高度结合，表现出男子的阳刚之美。

4. 跳　马

跳马是男女共有的比赛项目。跳马的起源与鞍马相同，当时是同一器械，用途也一样。1877 年，在德国的体操比赛中，第一次列为男子竞技项目。在 1928 年第 9 届奥运会上开始有了女子跳马项目的比赛。跳马的高度和形状经多次改变，才形成目前的“桌形”跳马。跳马项目由助跳板和跳马两个器械组成。跳马宽为 95 厘米，长为 120 厘米，由前至后呈一斜面。男子跳马距地面高度为 135 厘米，女子为 125 厘米（高点均在从前向后 68 厘米处）。跳板长为 120 厘米，宽为 60 厘米，前沿高为 20 厘米。跳马的动作分为一般跳跃和支撑跳跃。一般跳跃是最简单的基础练习，适合于大众练习。竞赛中的跳马动作用的是支撑跳跃。

跳马的比赛与其他项目不同，跳马是单个动作的比赛。每个动作都根据其难度赋予相应的分值，也就是 A 分。跳马助跑距离最长为 25 米。结束姿势要面向或背向马站立。在跳马的助跑、上板、踏跳、第一腾空、推手、第二腾空和落地的七个动作阶段中，B 裁判组对动作的撑手、第一腾空、第二腾空和落地的技术、姿态和稳定性进行评分。

5. 双　杠

双杠是男子比赛项目之一。最初的双杠只是用来发展支撑力量的辅助器械，后来一些较为困难和复杂的动作不断涌现，逐步演变成为独立的竞技项目。1896 年第 1 届奥运会起列为正式比赛项目。双杠由基座及立柱支撑的两根高度相同、平行的杠子组成。双杠高 180 厘米（距垫子），长 350 厘米，立柱间距长为 230 厘米，宽为 48 厘米，两杠可调间距为 42 ~ 52 厘米。现代双杠动作主要由众多不同的结构组中选择的摆动和飞行动作组成，为表现该项目的多样化形式，通过各种支撑和悬垂动作来过渡完成。以此反映这个项目的全部潜力。双杠的内容丰富，既有简单的摆动、摆越、屈伸、滚翻动作，又有复杂的空翻转体动作，是一项开展较为广泛的体操项目。

双杠在一定程度上是一种“集成”器械。在男子器械体操中，其工作距离最长。由于器械特点，其动作结构多样，内容繁多，几乎涵盖了竞技体操所有的动作类型。这些动作可以在杠中、杠端、杠内、杠外做，也可以在两杠或一杠上完成。利用器械的运动部分做大幅度的移动，有较大的运动空间。在不间断地摆动中完成移动、转体、空翻，成套动作连贯、紧凑、流畅，上下翻飞、节奏多变。最能体现体操的多样化、动力化和立体化特征。

6. 单　杠

单杠是男子比赛项目之一。早期的单杠是木制的，1850 年钢铁单杠的出现，为单杠的发展创造了条件。1862 年在捷克斯洛伐克举行的体操比赛中，就出现了单杠项目。1896 年第 1 届奥运会列为正式比赛项目。单杠是由两根支撑立柱和一根水平圆杠组成，杠高为 260 厘米（距垫子），杠长 240 厘米，直径 2. 8 厘米。一套现代单杠动作应由不同握法交替完成的连接流畅的近杠和远杠的摆动、转体、飞行动作组成，以展示该项目的全部潜力。单杠的内容丰富，动作多样，均为动力性动作。大众练习的内容较为简单，以低杠练习为主。

单杠器械高，动作幅度大，旋转速度快。复杂的转体、连续的飞行动作，使人眼花缭乱，目不暇接，惊心动魄。单杠是男子体操比赛中最惊险，具有高度观赏性的项目。

7. 高低杠

高低杠是女子比赛项目之一。高低杠是由双杠演变而成的。女子参加体操运动的初期，使用的体操器械基本与男子相同，但动作相当简单。后考虑到女子的解剖和生理特点，将双杠的一根横杠升高，使身体的多个部位可同时接触器械，分散身体负荷，形成了女子专有的体操器械——高低杠。高低杠是由基座支撑的两根不同高度、平行的杠子组成。杠子长度为 240 厘米，直径 4 厘米，低杠高度 170 厘米（距地面），高杠高度 250 厘米（距地面），两杠间的可调距离为 130 ~ 180 厘米。

高低杠的动作类型与男子单杠基本相似，但由于器械的结构特点，增加了换杠动作。运动员通过不间断地摆动、回环、转体、空翻，在杠间来回穿梭，上下翻飞。同样具有男子单杠的惊险与精彩。

8. 平衡木

平衡木是女子比赛项目之一。18 世纪末，体操活动中就使用了平衡木，当时平衡木只是一根架起的圆木。1894 年，在北欧举行的体操节上，平衡木首次被列为比赛项目。1936 年，平衡木被列为奥运会体操比赛项目。平衡木长 500 厘米，高 125 厘米（距地面），木宽 10 厘米，厚 16 厘米。平衡木的动作基本上是将技巧动作搬到木上来完成的。一套平衡木的动作时间不超过 90 秒。

平衡木支撑面积小，身体重心和支撑点在不断的变化，要求运动员具备较强的平衡控制能力，是女子比赛项目中最困难的项目。它与自由体操媲美，惊险性不逊色于单杠。

（三）规定动作及其评分

规定动作是必须按照所规定的动作形式、动作顺序、动作方向、连接方法和技术要求完成的成套动作。1997 年取消规定动作比赛后，在国际比赛和国内重大比赛中只进行自选动作的比赛。为促进我国竞技体操运动的发展，国内的儿童少年竞技体操比赛、学校的竞技体操比赛（测验）及群众性的竞技体操比赛中仍保留规定动作。

1. 规定动作的内容与构成

（1）规定动作的目的任务、内容、适用对象、比赛项目、评分依据等都由相关的职能部门确定。规定动作可以是全部规定，也可以是部分规定。

（2）一套规定动作中单个动作或联合动作按顺序构成。对每个动作或联合动作都规定了相应的分值，并说明动作的做法，动作主要错误和扣分标准。

（3）如果是等级规定动作还应写明通级的分数标准、比赛级别、裁判人数和裁判级别要求。

（4）对规定动作的评分体系有两种。一种是按照现行国际体操评分规则进行评分，除了列举动作技术和完成错误外，其扣分标准均按规则要求进行，最后得分为 A 分加 B 分。如《全国少年体操比赛规定动作（2007 年版）》，成套 A 分为 5 分，B 分为 10 分，满分为 15 分。另一种 10 分制的评分体系，有自己不同于规则的、特定的动作错误扣分标准和要求，满分为 10 分。如《体操等级运动员规定动作及评分规则（2006 年版）》、院校中的考试测验动作等都属此类。

2. 规定动作的评分因素

（1）按照文件对一套动作的理解。要求裁判员确定一套动作是否符合文字规定，顺序是否正确。

（2）按照文件所规定的评分体系和特定要求进行评分。

（3）从技术和姿态的要求看完成情况。裁判员对动作完成中出现的姿态和技术错误进行扣分。

3. 规定动作的评分方法

如果一套动作完成不符合动作要求，扣分方法如下。

（1）如果是一个、部分动作或连接未做，扣掉该动作、部分或段落的整个分值。

（2）对于多做的动作部分，一般按虚摆扣分标准处理。

（3）动作出现顺序错误，该序号动作按多做动作扣分，同时还要按漏做动作扣除其分值。

（4）出现动作方向改变按规定处理。一般女子动作可以全套反方向做，也可以按要求部分反方向做，有些项目反方向做动作时，允许增加或减少一步。

（5）由于掉下（无论脱手与否）而中断的一套动作不能重复已完成过的部分，但可在30秒钟内继续做后面的动作，为了继续后面的动作，中断的那部分动作可以重做，但不计分。

思考题：

1. 国际体联所举行的正式竞技体操赛事有哪些？
2. 竞技体操比赛的办法有几种？
3. 竞技体操比赛的裁判和分数是怎样构成的？
4. 如何观赏体操比赛？
5. 竞技体操男、女各有哪些项目？各项目特点是什么？
6. 什么是规定动作？规定动作的评分因素有哪些？

第三节　竞技体操术语

体操术语是体操学科的专门用语。体操术语是随着体操的发展逐步创立和完善的。体操术语在我国有着悠久的历史，在古代戏曲、杂技的毯子功中，艺人们创立了许多体操动作术语。例如，拿顶（手倒立）、窜猫（鱼跃前滚翻）、踺子（侧手翻内转90度）、小翻（后手翻）、倒插虎（后手翻胸滚成俯撑）、回笼（后空翻接前空翻）等。由于这些术语既形象又简练，部分术语在当今的体操教学和训练中仍在继续使用。现代体操传入我国后，在相当长时的一段时间里，我国体操水平低下，术语使用混乱。新中国成立后，为了适应体操的发展，于1956年出版了《体操术语》一书，基本结束了我国体操术语落后和混乱的状态。体操术语也逐步趋于规范和统一。

体操术语源于实践又指导实践。它是传播、交流体操信息不可缺少的工具。在体操教学、训练、科研、竞赛等活动中，广泛地运用规范化的体操术语，对于普及体操运动，提高教学和训练效果；开展体操运动竞赛；促进体操科学研究和丰富体操理论都具有重要的意义。

体操术语内容丰富，本节重点介绍与竞技体操有关的基本术语及竞技体操动作的记写方法。

一、竞技体操动作的基本术语

（一）人与器械关系的术语

竞技体操动作是通过徒手和在器械上完成的。所有徒手体操动作术语同样适用于竞技体操的徒手动作。但在人与器械产生关系时，就需要有专门的术语来表达。

人体与器械的关系主要是以器械处在人体的某一方位和人体的肩轴与器械轴的关系来确定的。器械轴是指器械最长的工作部分两端的中心连线。吊环轴是指两环（握点）之间的假设连线。

1. 前、后、左、右：器械在人体前面的为前，器械在人体的后面的为后，器械在人体左边的为左，在右边的为右。

2. 正、侧：肩轴与器械轴平行的状态为正，肩轴与器械轴垂直的状态为侧。

3. 内、外：人体在双杠或高低杠两杠之间为内，两杠之外为外。此外，人体在移出器械同时加转体动作时，胸向器械内转体为“内转”，反之为“外转”。

以直立时为例说明人体对器械的关系术语：后正立［图3－1（1）］；前正立［图3－1（2）］；左正立［图3－1（3）］；内正立［图3－1（4）］；前侧立［图3－2（1）］；后侧立［图3－2（2）］；右侧立［图3－2（3）］；内侧立［图3－2（4）］。

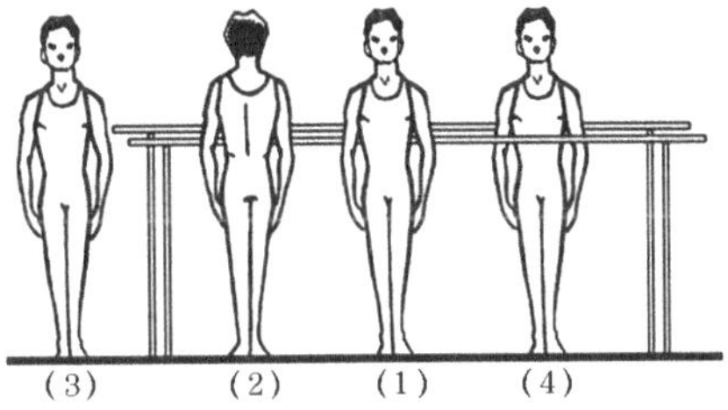

图3－1

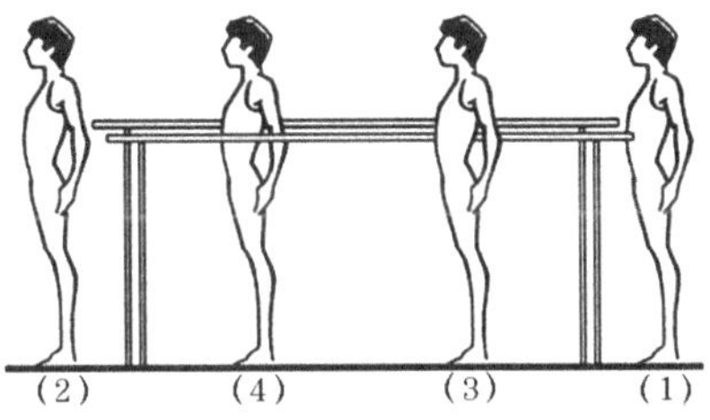

图3－2

4. 远、近：是指按人体与器械部位的距离来确定器械的部位名称。器械靠近人体的部分为近，反之为远。如在双杠前（或后）正立时，靠近人体的一杠为近杠，另一杠为远杠。

5. 纵、横：人体的肩轴与器械轴垂直时为纵，平行时为横。如横箱、纵箱等。

（二）动作方法术语

1. **握法**：手握体操器械的方法

（1）正握：两手虎口向内或向前握器械。

（2）反握：两手虎口向外握器械。

（3）正反握：一手正握，一手反握器械。

（4）内握（从内握）：掌心向外，手从杠下握双杠内侧的握法。

（5）外握（从外握）：掌心向内，手从杠下握双杠外侧的握法。

（6）交叉握：两臂交叉握器械。

（7）宽握：两手间距离明显大于肩的握法。

（8）窄握：两手间距离明显小于肩的握法。

除上述最基本的握法外，还有深握、合握、扭臂握等。

2. **悬垂**：人体肩轴低于器械轴，对器械产生拉力的悬挂姿势。悬垂分为单纯悬垂和混合悬垂。

（1）单纯悬垂：身体的一部分悬挂在器械上的悬垂。如单杠的悬垂等。

（2）混合悬垂：身体的一部分悬挂在器械上，同时还有其他部分附加在器械上或地面上的悬垂。如单杠的左挂膝悬垂等。

3. **支撑**：人体肩轴高于器械轴，对器械产生压力的支撑姿势。支撑分为单纯支撑和混合支撑。

（1）单纯支撑：身体的一部分支持在器械上的支撑。如双杠的支撑、挂臂撑。

（2）混合支撑：身体的一部分支持在器械上，同时还有其他部分附加在器械上或地面上的支撑。如双杠的分腿坐撑、挂臂分腿俯撑等。

4. **倒立**：在支撑中，头在下、脚在上的一种垂直姿势。如头手倒立、肩倒立、手倒立等。

5. **摆动**：来回一次的摆。如双杠的支撑摆动等。

6. **弧形**：经伸展身体，使身体重心远离支点并沿抛物线轨迹运动的动作。如单杠的支撑后倒弧形下等。

7. **转体**：身体绕人体垂直轴转动的动作。如单杠的骑撑后腿向前摆越转体180度成支撑等。

8. **回环**：身体绕器械轴（握点连线）转动一周的动作，如单杠的骑撑前回环、支撑后回环等。

9. **上**：通过一定的方法，从较低的部位（或地面）到器械较高部位的动作。

如单杠的翻上、双杠的挂臂屈伸上等。

10. 下：通过一定的方法，从较高的部位到较低部位（或地面）的动作。如单杠的支撑后摆下、双杠的前摆下等。

11. 倒（下）：肩部有倾倒，身体自上而下弧形的动作。如单杠的骑撑后倒挂膝上等。

12. 摆越：腿在器械上或器械下越过的动作。如单杠的支撑单腿向前摆越成骑撑等。

13. 腾越：整个身体腾空从器械上越过的动作。如山羊分腿腾越等。

14. 滚翻：身体某些部分（或只有肩）依次接触器械或地面并经过头部的翻转动作。如技巧的前滚翻、双杠的挂臂（挺身）后滚翻等。

15. 手翻：用手和（或）头推离地面（器械）并经过头部的翻转动作。如技巧的头手翻、前手翻等。

16. 空翻：人体腾空后经过头部的翻转动作。如技巧的后空翻等。

17. 全旋：在支撑状态下单腿或双腿绕垂直轴做绕环一周及一周以上的圆形动作。如技巧的蹲撑单腿全旋等。

（三）动作相互关系的术语

动作相互关系的术语是指动作（技术）与动作（技术）之间关系的用语。

1. 同时：身体的不同部分或动作（技术）与动作（技术）之间需要同一时间内或者在同一过程中完成时用“同时”来表达。如单杠的骑撑后腿向前摆越同时转体 90 度下等。

2. 依次：在单个动作中，身体某些部分相继做同样性质的动作。如侧手翻的动作技术，两手是依次撑地后再依次推离；两脚依次蹬地后再依次落地。

3. 接：两个单独动作之间要求连续、无间断完成时用“接”来表示。如技巧的跪跳起接挺身跳等。

4. 经：动作过程中要求经过（不停顿）某一特定方位时用“经”来表示。如单杠和双杠的经直角悬垂摆动屈伸上。

5. 至：动作做到某一特定方位，用“至”来表示。

6. 成：动作做成某一特定姿势结束，用“成”来表示。如单杠的跳上成支撑等、双杠的分腿坐前滚翻成分腿坐。

二、竞技体操动作的记写

（一）单个动作的记写

1. 文字结构式

（1）学名记写法：是指动作基本术语所组成的体操动作名称。它具有准确、简明、组合等特点，是一种规范化的、全国统一的体操动作名称术语，常用于公开发行的图书和各种正式文件。

（2）命名记写法：是指经国际体操联合会批准的，在世界重大国际体操比赛中，以第一次创造难新动作的运动员的名字或国名命名动作。如吊环“李宁 1”“程菲跳”等。

（3）俗称记写法：是指现所广泛流行的，并已定型的、简短的通俗名称。如“踺子”“小翻”“回笼”等。

（4）简化记写法：就是在一个较繁、较长的动作名称中，只用其中某个或某些能表示该动作显著特征的词或字来简化动作名称。如“1080”指的是直体后空翻同时转体 1080 度。

2. 符号结构式

用简单的、形象的、便于记忆和记写的符号记写动作。常用于体操比赛的现场记录。

3. 图像结构式

是指用图形（单线图、双线图、实体图、轮廓图等）和图像（照片、电影、录像等）记录体操动作。

（二）成套动作的记写

竞技体操成套（或联合）动作记写，是指用一定的格式把成套动作的先后顺序和相对独立部分（单个动作或联合动作）等表示出的书写形式。当前常用的体操成套动作记写形式有下列几种。

1. 连续式

连续式就是按动作的先后顺序，用“逗号”把相对独立部分隔开的一种记写形式。用学名记写法以连续式（学名连续式）记写一套动作。例如，低单杠：前正立，正握，经直角悬垂摆动屈伸上，支撑后回环，后倒弧形下。

2. 连接式

连接式就是按动作的先后顺序，用“连接号”把相对独立部分连接成为成套动作的一种记写形式。用学名记写法以连接式（学名连接式）记写一套动作。例如，技巧：直立，侧手翻外转 90 度——前滚翻两腿交叉转体 180 度——后滚翻成跪撑——跪跳起接挺身跳。

3. 分行式

分行式是按动作先后顺序用数字把成套动作中相对独立部分分行排列的一种记写形式。用学名记写法以分行式（学名分行式）记写一套动作。

低　单　杠

序号	动作说明	动作分值
1.	站立悬垂，一脚蹬地、一腿摆动翻上成支撑	1.5 分
	……	……
7.	后腿向前摆越同时转体 90 度下	1.5 分

4. 表格式

表格式就是按照动作先后顺序把成套动作中相对独立部分，通过表格和分行排列的一种记写形式。用学名记写法以表格式（学名表格式）记写一套动作，举例如下：

双　　杠

顺序	动作说明	分值	动作典型错误	扣分
1	挂臂后摆上	2.0	1. 成支撑时屈肘 2. 成支撑时腿低于杠水平面	0.1～0.3 0.1～0.3
……	……	……	……	……

详见国家体育总局体操运动管理中心 2006 年 9 月制定的《体操等级运动员规定动作及评分细则》。

用图解记写法、学名记写法以表格式（图解学名表格式）记写成套动作。参看《体操等级运动员规定动作图解》。

思考题：

1. 什么是体操术语？
2. 人与器械的关系术语有哪些？

3. 什么是支撑？什么是悬垂？什么是摆动？
4. 动作相互关系的术语有哪些？
5. 用连接式记写形式记写自由体操、单杠和双杠项目的技术考试成套动作。

第四节　竞技体操基本技术分析

基本技术是指完成竞技体操动作时起主要作用的最基本的动作技术，其存在于竞技体操各个项目不同结构类型的动作之中．是完成竞技体操动作时带有共性和基础性的方法，是完成各类动作的关键技术。基本技术是发展复杂动作的基础，它具有关键性、基础性和普遍性的特点。

一、平衡技术

（一）平衡的种类与特点

平衡技术是指完成静止姿势的方法。平衡有随意平衡、稳定平衡、不稳定平衡和有限度的稳定平衡。在不同的条件下，各类平衡的特点也不尽相同。

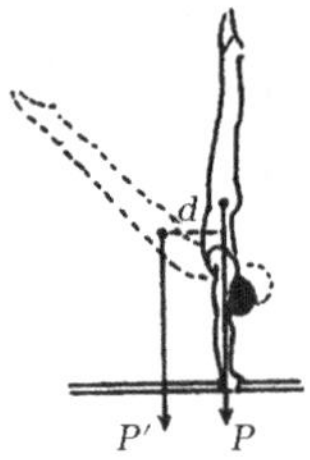

图 3－3

随意平衡：重心在支点的上方，身体发生位移后，重心不升不降，始终保持平衡。如技巧的团身前滚翻等。

稳定平衡：重心在支点的下方，身体发生位移后，重心上升，并产生使身体恢复平衡的力矩。如各种悬垂动作。

不稳定平衡：重心在支点的上方，身体发生位移后，重心下降，并产生破坏身体平衡的力矩。这类平衡指的是“点”和“线”的平衡。

有限度的稳定平衡：重心在支点的上方，身体发生位移后，在重力作用线未超出支撑面边缘时，重力矩为稳定力矩，可以恢复平衡。若重力作用线超出支撑面，重力矩为倾倒力矩，将会失去平衡。如倒立（图 3－3）、水平支撑、站立平衡等。

竞技体操动作的平衡通常为随意平衡、稳定平衡和有限度的稳定平衡。

（二）平衡的条件

人体要保持静止平衡，必须具备两个力学条件，即必须使身体所受的合外力与合外力矩为零，即$\sum_{Fi}=0$；$\sum_{Mi}=0$。

（三）影响人体平衡的因素

1. 支撑面和身体重心

支撑面是由各支撑部位的表面积与它们之间所围成的面积组成。总的来讲，支撑面越大，重心越低，人体平衡的稳定性越好。但支撑面的大小和身体重心的高低只能一般性地说明稳定性的好坏。而平衡角能说明人体在某一方位上的稳定性。

2. 稳定角和平衡角

稳定角是重力作用线与重心至支撑面边缘相应点的连线之间的夹角。它反映身体在某一侧向稳定平衡的储备能力。稳定角越大，身体的稳度就越好。稳定角与支撑面的大小和重心的高低的关系是：同样的支撑面，重心低则稳定角大，反之则相反。相同的重心高度，支撑面大则稳定角大，反之则相反。平衡角等于某方位平面上稳定角的总和。平衡角越大，说明某一方位平面上的稳定性越好。如手倒立前后方位上的平衡角小于左右方位上的平衡角，故易前后方向倾倒。

（四）控制平衡的方法

人体的平衡与刚体的平衡有较大的区别。人体是在神经系统的支配下具有自我调控行为的有机体。在完成平衡类动作时，根据技术的要求，在人体解剖结构允许的范围内，尽可能增大支撑面积。如做头手倒立时，两手与头应形成一个等腰三角形的支撑面。双杠肩倒立可以适当拉开肩与手支撑的距离，以增大稳定角。合理调整人体重心的位置，使重心投影点落在支撑面内，避免产生使人体失去平衡的倾倒力矩。如出现倾倒力矩，应及时调整人体各环节的相对位置或通过肌肉的主动用力产生与之相对的力矩，恢复平衡。如人体重心向左偏移时，上肢或躯干主动向右移动以抵消重心的偏移量；双杠肩倒立前翻时，两手用力拉杠，使拉力矩大于倾倒力矩，直至身体重心回到支撑面内。做平衡动作时应该注意缓慢均匀的浅呼吸，有利于重心位置的相对稳定。

二、摆动技术

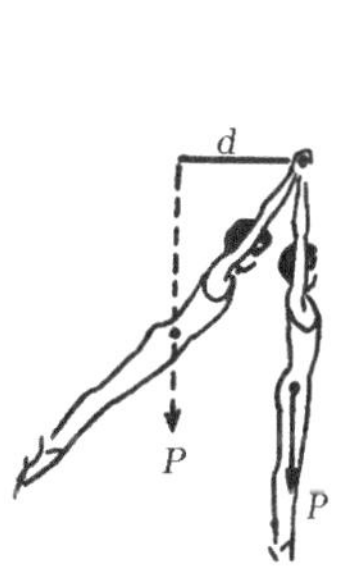

图3－4

摆动动作是器械体操项目中最多、最主要和最复杂的动作，它的运动学特征是人体重心绕着固定的轴做近似圆周或弧形的运动，也可以认为是身体绕着器械轴做转动。它的动力学特征是在摆动过程中随时都受到重力矩的作用。重力矩是重力与重力臂的乘积（$M_{重}=P\cdot d$）（图3－4）。重力臂为重力作用线到转轴之间的垂直距离。在体操的摆动动作中，下摆时重力矩为动力矩，上摆时重力矩成为阻力矩。由于人体的体重是一个恒量，人体受到的重力是不变的，在摆动动作的不同阶段，只能通过重力臂的变化来加大重力矩的动力作用或减小重力矩的阻力作用。达到正确完成动作的目的。

（一）下摆技术

身体由预先达到尽可能高的位置开始，向下摆至垂直面的这一阶段为位能转化动能阶段。在这个阶段中，人体的势能逐渐转化为动能，重力矩起积极的作用。所以，在下摆过程中要尽力使身体，重心远离转轴，加大重力臂，提高重力矩的动力作用。如单杠骑撑前回环，在骑撑开始前倒时，要求两臂伸直顶肩，前脚前伸，髋远送，其目的就是使重心远离转轴，从而获得较大的转动动能。又如单杠悬垂摆动，在整个在下摆阶段要直臂顶肩、尽量伸直身体，脚尖远伸，远离转动轴，从而获得较大的转动惯量，为上摆阶段动作的完成储备必要的能量。当下摆接近垂直部位时，往往要做沉肩留腿动作，由于充分的沉肩留腿动作，可以充分地拉长肩带肌和腹背侧诸肌群，根据肌肉初长度理论可知，预先充分拉长肌肉，可提高其爆发力。

（二）上摆技术

当人体摆至杠下垂直面时，位能最小，动能最大。要想达到预定动作所要求的上摆高度，就必须利用已获得的转动动能。所以，这一阶段也称之为利用动能阶段。在这个阶段，随着重心位置逐渐升高，动能逐渐转化为势能，重力矩起阻力作用，其转动动能逐渐减少，势能逐渐增大，只依靠下摆阶段获得的动能难以完成动作，必须依靠内力作功补充动能，才能完成动作。通过改变身体姿势，缩短转动半径，使重心靠近转轴，减小转动惯量，加大角速度。如做大摆动作时，通过踢腿或甩腿动作时的末端加速，一方面可以缩短转动半径，减少重力矩的阻力作用；另一方面，根据动量传递原理，在末端加速后的及时减速制动，加快上体的上升速度。在动量向上体传递的同时，上体和手臂要根据动作技术的要求配合做相应的主动动作，如推手、带杠、急振等。达到这种理想动作效果的技术称之为“制动技术”。

三、腾起技术

竞技体操动作的腾起主要是通过起跳和推手实现的。如跳马的起跳与推手、技巧中的各种起跳与推手等。

欲增加腾起高度，首先要增大 F。由 $F = ma$ 有 $F = m\frac{2S}{t^2}$ ［m 为上体质量，S 为

蹬（推）离过程中身体重心移动路程，t 为 S 所经历时间］。从该式可知，只有快速有力地蹬地（推手）和使身体重心尽可能运动更长的路程相结合，才能使 F 有效增加，从而获得更大的腾起高度。起跳时，在蹬离前，下肢各关节适度弯曲，此时伸肌做被动的退让性工作。然后猛力蹬伸、抬上体，向上领臂然后制动。增加对地面的作用力，从而获得更大的动力支撑反作用力。使人体充分腾起。

腾起的角度与作用力的方向、身体重心、水平速度和垂直速度有关。若垂直向上腾起，作用力的方向通过身体重心，如挺身跳。若向前上方腾起，作用力的方向通过重心后，如鱼跃前滚翻。若向后腾起，作用力的方向通过重心前。若有一定水平速度和垂直速度的腾起，则要根据两个速度的情况确定腾起角度，如跳马的起跳（图3－5）。由于助跑时已获得水平速度 V_1，踏跳时腿向前下蹬板，作用力 F 所获得的反作用力 F'，使人体产生一个指向后上方的速度 V_2，V_1 与 V_2 的合速度 V 向前上方。这种踏跳的方法，叫制动性踏跳，与此相同的推手方法叫制动性推手。

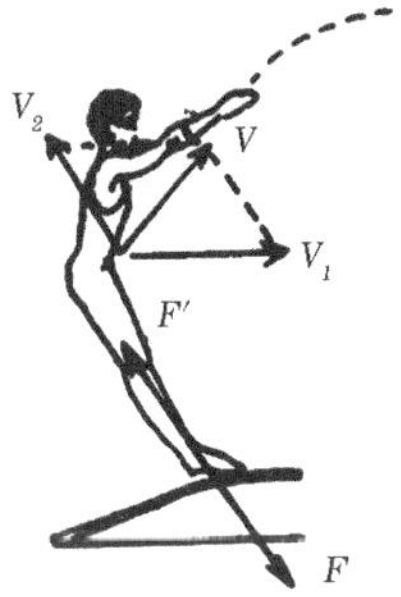

图3－5

推手的作用是使人体获得尽可能大的腾起初速度和完成动作需要的最佳腾起角，对推手的要求是短促有力，从接触器械（或地面）到最后推离器械（或地面）时间要短，手臂肩带肌群在推手瞬间要最大限度发挥效能，在推离时配合下肢的急剧制动来实现能量的传递，可以使推手发挥更大的效能。

四、落地技术

研究资料表明，优秀的体操运动员落地时，人体承受的压缩负荷可以超过体重的几倍。落地的稳定性是动作质量的一个方面，落地动作除站稳外，防止冲击力对人体的伤害也是落地动作的任务之一。落地动作由空中动作、落地缓冲制动及结束姿势三个阶段组成。根据动量定理：$Ft = mV_t \quad mV_0$。当身体动量为一定量时，延长力作用的时间，就会使冲力减小。

良好的空中动作和预先准备落地动作是落地站稳的前提，落地前，空中身体伸展，为落地的缓冲做好准备。缓冲落地制动技术是提高落地稳定性的关键，落地时，前脚掌先着地，屈膝缓冲，降低身体重心，过渡到全脚掌着地，延长作用力的时间，减少冲力，加大稳定角。落地结束时，保持良好的身体姿态，手臂保持侧上举，全身肌肉还应当保持适度紧张，配合维持动作平衡。

根据物体平衡原理，脚掌必须落在人体运动轨迹最后一点的切线与地面交点附近，才不会产生转动力矩。当落地缓冲制动结束，人体重心投影进入支撑面后，若作用于人体的合外力及合外力矩均为零，人体站立不动。

思考题：

1. 什么是基本技术？
2. 手倒立与肩倒立相比，哪个动作稳定性好？为什么？
3. 如何合理地完成摆动技术？
4. 推手的作用和要求是什么？
5. 落地分为哪几个阶段？怎样才能维持落地的稳定？

第五节　竞技体操动作教学

一、竞技体操动作的教学特点

由于竞技体操器械及内容的特点，构成了其项目的独特性、内容的多样性、技术的复杂性、教学的安全性及其美学特征。因此，在教学上形成了其自身的特点。

（一）以单个动作为主要内容，以个体练习为主要形式

正确掌握单个动作技术是学习成套（或联合）动作的基础，同时由于器械结构的局限性，通常是以个体练习为主要练习形式。因此，确定了竞技体操教学必须从单个动作开始，以个体练习为主的教学内容和形式。在教学中要做到个体练习与集体观察相结合，正确处理好单个动作的质量与成套（联合）动作教学和统一要求与区别对待等关系。

（二）以动作质量为前提

竞技体操动作的质量主要表现在动作力度、动作幅度、动作节奏、动作姿态、动作的稳定性等方面。这些表现通常与动作技术的合理发挥和艺术性要求密切相关。研究动作的技术结构，正确处理质与量的关系，是逐步提高动作质量的前提。

（三）广泛运用保护与帮助

竞技体操是一种人为设计的运动形式，以身体各部分相互运动的配合关系和身体与器械相互位移变化为基本特征。多数动作的运动技术结构和时空状态复杂多变，与日常生活的状态和习惯有较大不同，增加了自学体操动作的难度和教学中发

生伤害事故的可能性。竞技体操教学中的保护与帮助对缩短教学进程，预防安全事故有极其重要的作用。在竞技体操教学中注重安全措施，进行安全教育，既是重要的教学内容，也是教师的责任。

二、竞技体操动作的教学方法

竞技体操动作教学方法是指教师向学生传授体操动作知识、技术、技能的途径和手段。为了达到最佳的教学效果，教师应根据教学内容、教学任务、作业条件、学生的实践情况等因素精选教学方法。常用的竞技体操动作教学方法有语言法、直观法、完整法与分解法、练习法、比赛法、游戏法等。

（一）语言法

竞技体操动作教学中常用的语言是口头语言，其形式有讲解、讲述、提示、评价等。同时，身体语言和自我暗示也常常在竞技体操动作教学中运用。

1. 讲　解

讲解是教师向学生解说动作的要领及原理等。它是竞技体操动作教学中运用最广泛，最主要的教学方法之一。讲解时应注意以下问题。

（1）精讲。精讲就是突出讲解动作的要点和难点。抓住关键，揭示动作技术的内在联系。只有精讲，才能多练。

（2）掌握讲解时机。竞技体操动作技术的掌握是一个时间和量的积累过程。当学生对动作有了实际感受和体会时，学生就会进一步要求对动作进行深入了解。教师应不失时机，进一步对动作进行讲解和分析。在练习中出现错误时，要及时讲解。

（3）讲解时要考虑对象的水平特点。不同的年龄、不同水平的学生在接受能力上是有差异，学习动作的不同阶段会出现不同的问题，讲解要有针对性、灵活性。

2. 讲　述

讲述是教师向学生叙述事实材料或描绘所讲对象。在竞技体操动作教学中的讲述一般是对动作的做法按时序加以叙述，使学生对动作的外部特征有一个概括性的了解。讲述与讲解往往交互进行，要运用技巧，达到准确精练、简明扼要、生动有趣。

3. 提　示

提示是指在学生练习过程中，教师用简短的口头语言或形象的身体语言对动作的正、误表明和提醒。这是练习中纠正错误的有效手段。运用时要注意提示时机要准确及时，通常要有提前量。口头语言尽可能简短、明确。身体语言要生动、形象。有时，两种语言提示同时使用会收到更好的效果。

4. 评　价

评价是教师对学生动作完成情况的口头评定，它是竞技体操动作教学过程的一个重要环节。评价的重点是动作掌握的程度。评价要以鼓励为主，恰如其分，鼓励的同时，还应指出存在的不足，提出改进的意见，使学生既看到自己的进步，又明确今后努力的方向，对提高学习效果有很大的意义。

（二）直观法

直观法是竞技体操动作教学的基本方法之一，是指在教学过程中利用人的感觉器官来感知动作的结构、时间和空间特征，从而形成动作表象，建立动作概念的教学方法。

1. 动作示范

动作示范是以教师或指定的学生的动作为范例，演示动作的整个过程，如动作的结构、方法、方向、速度、节奏、幅度等。它是竞技体操动作教学中运用最直接、使用最普遍的直观教学方法。示范的方法很多，按示范面可分为正面示范、侧面示范、背面示范等；按示范的速度可分为常速示范和慢速示范；按动作的结构可分为完整示范和分解示范。还有重点示范、正误对比示范等多种示范。运用示范时应注意以下几个问题。

（1）讲究示范效应

教师准确、轻松、优美和稳定的示范会给学生留下深刻的印象，激发学生练习的欲望。正误对比示范时，错误示范也要形象准确地反映学生动作的错误表现。选择学生示范时，应有一定的代表性。

（2）示范目的明确，针对性强

示范动作的规格和方法要根据不同阶段的教学任务和对象水平特点而定。初学动作时，为了使学生建立完整的动作表象，一般可先做完整示范、常速示范，讲究技术的正确和姿态的规范，动作的幅度和高度不应过分表现，掌握在对象水平可接受的程度，否则会产生畏惧心理。

在改进动作阶段，可采用分解示范、慢速示范等，以加深对动作技术细节的认识和理解。解决关键技术问题时，可采用重点示范。在纠正错误时，可采用正误对比示范。对某些可以慢速完成的动作，可用慢速示范，并结合讲解，这样的示范效果更佳。

进入巩固和提高阶段，示范应追求动作高度、动作幅度，达到高规格、高标准，激发学生不断进取，提高动作质量。

(3) 选择合理的示范面和示范位置

示范面和示范位置的选择应以有利于学生观察动作为原则。正面示范能显示动作的左右方向，侧面示范能显示动作的前后方向。动作方向、路线复杂或各部位动作配合较难的情况下，多用背面示范。

自由体操示范时，教师示范的位置是可以变化的，通常站在学生正前方或前侧方3~5米处，动作方向改变后，教师的位置应相应变化。

竞技体操动作教学中，特别是器械体操动作的教学，教师的示范位置是相对确定的，观察的重点和效果取决于学生的位置，通常情况下，学生的位置应在单杠、高低杠的两端，双杠、跳马等项目的两侧，从侧面观察动作。所以，竞技体操动作教学中最常用的是侧面示范。必要时(如下法和转体动作)，学生可改变观察位置。

2. 动作图示和模型演示

动作图解、动作图片、人体模型等是竞技体操动作教学中常用的直观教具，它制作简单，便于携带，使用灵活，具有较强的直观性，能将人体在空间的运动状态“定格”，配合讲解，描述动作的关键或细节。它弥补了示范的不足，有利于培养学生的观察能力和分析能力。

3. 电化演示

电化演示是现代化的教学手段，它通过现代化的电影、录像等设备，完整地记录并重现动作的过程，是一种形象化的直观教学。它最大的特点是动作过程完整，反复重现，可通过慢放或定格在动作的任一瞬间，仔细观察动作细节，对动作的技术分析有独到的作用。在纠正错误时，对练习者的动作进行记录和分析，效果最佳。

（三）完整法与分解法

1. 完整法：是将动作自始至终地整体进行教授的一种教学方法。优点是保持了动作结构和动作各部分之间的内在联系，给学生建立完整的动作概念。但对动作中较为困难的技术因素和环节不易很快掌握。

2. 分解法：是将动作合理地分成若干部分，按部分逐一进行教授，引导学生完整掌握动作的一种教学方法。其优点是突出教学重点，简化教学过程，缩短教学时间。如果运用不当，会破坏动作结构，割裂动作的内在联系。不利于建立完整的动作概念。

3. 运用完整法与分解法应注意的问题：完整法与分解法是体操教学中两种不同的

教学方法，二者既相互联系，又有各自的优点与不足，运用时应注意如下几个问题。

（1）较为简单的动作可直接采用完整法进行教学。

（2）对不能分解或有一定难度的动作，先采用诱导练习或辅助练习，打好素质和技术基础，再进行完整教学。

（3）对可能进行分解的动作进行分解时，要考虑动作的结构和分解后动作各部之间的内在联系，有利于后续的完整练习。

（4）分解的目的是为了完整完成动作，要掌握过渡时机。

（四）练习法

练习法是有目的有计划的多次重复学习内容，达到掌握、改进、提高运动技术，形成动作技能的最主要、最基本的方法。练习法要突出一个“练”字，同时做到“练、看、想”相结合。

1. 重复练习法

重复练习法是指不改变动作结构，按动作要领进行反复练习动作的方法。重复练习又分为连续重复练习和间歇重复练习，通常是二者结合运用。

重复练习要防止错误动作的重复，一旦发现错误，应及时纠正，否则，易形成错误的动力定型。

连续重复练习一般应在学生正确掌握动作后运用，目的是提高动作的熟练性、稳定性，进一步提高动作质量。连续重复练习能发展专项耐力，连续重复的数量要根据完成动作的质量来安排，如发现动作有较大的变形，应减少重复的次数。

间歇重复练习时，每次重复动作的数量和间歇的时间要根据动作的难易、对象能力、动作完成质量等具体情况来安排。一般来讲，每次重复动作数量多，间歇时间可长些，反之则短；动作难，对象能力差，重复数量要少些，间歇时间可长些。

2. 变换练习法

变换练习法是指在改变作业条件下，反复练习动作的方法。这种方法有助于动作的掌握，提高动作的准确性、稳定性和灵活性。改变作业条件有两种作用：一是降低完成动作的难度，使学习动作变得更加容易了，多用于初学动作和有一定难度的动作；二是提高完成动作的难度，使动作变得更难完成，只有在学生能独立完成动作的情况下使用。如练习双杠挂臂前摆上时，将双杠调节成一端高，另一端低的“高低杠”，在初学时，面对低端练习，在提高动作质量阶段，面对高端练习。

在运用变换练习法时要根据教学内容、教学任务、对象特点、安全因素等具体情况，优化设计，科学运用，力求达到条件的变换与练习的效果相统一。

（五）比赛法

比赛就要竞争，竞争就会产生激励作用。单纯的竞技体操比赛就是有组织、有计划地按评分规则对比赛的参加者进行成绩评定的过程。竞技体操教学中的比赛除了上述目的外，主要是运用比赛的激励机制，提高学生的竞争意识和学习兴趣，挖掘学生的机能潜力，激发学生的进取精神，培养学生良好的心理素质、体操道德作风和集体主义观念。

竞技体操教学中的比赛要根据教学内容、教学任务、对象水平、实际条件等具体情况来设计。所以，体操教学中的比赛内容、比赛形式、评定方法等都比较灵活。如比赛内容可以是成套动作、联合动作或单个动作，也可以是动作的某一方面，如动作的高度、动作远度、动作姿态、动作稳定性等动作质量。比赛形式可以在个人间进行，也可以在组间进行。组间比赛时，各组实力应基本相当，有竞争性。评定的标准要恰当，其尺度要符合总体水平，灵活运用量化评定、定性评定、鼓励性评定、超严性评定等评定方法，起到鼓励和引导的作用。要组织学生参加评定过程，中青年教师也可进行示范表演，体现师生互动，激发学生情绪，活跃课堂气氛。同时要加强安全措施，防止学生因好强好胜一味追求动作的高标准而可能出现的失误。

随着体育教学研究的发展，教学改革的不断深入，除上述常用的竞技体操教学动作方法外，程序教学法、断面教学法等教学方法也在竞技体操教学中得到运用。

三、竞技体操教学中的保护与帮助

（一）保护与帮助的种类

保护与帮助是竞技体操项目的特点之一，它既是一种安全措施，又是一种教学手段，在竞技体操动作教学和训练中被广泛采用。是体操教师必备的教学技能。保护与帮助的方式、方法多种多样，一般分为下列几种。（图3－6）

- 保护与帮助
  - 保护
    - 他人保护
    - 自我保护
    - 利用器材保护
  - 帮助
    - 直接帮助
    - 间接帮助
    - 利用器材帮助

图3－6

1. 保　护

为防止练习者由于技术不正确或意外等原因而可能发生危险所采取的安全措施叫保护。它包括动作前的预防措施和动作时的实施措施。保护分为他人保护、自我保护和利用器械的保护。

（1）他人保护

保护与帮助者对练习者所采取的安全措施叫他人保护。主要手法有接、抱、拦、挡、扶等，使练习者停止运动，顺应动作速度加速或减速，改变身体的位置，避免撞击器械或跌倒。

（2）自我保护

练习者运用技巧自我摆脱险境叫自我保护。在运用自我保护时，练习者要头脑冷静，措施得当，及时果断。所以，在学习动作过程中，特别是独立完成动作前，教师要培养学生的自我保护能力。自我保护的方法很多，通常采用的方法有紧握器械的方法、主动停止练习或跳下器械的方法、利用惯性顺势滚动或缓冲的方法、改变身体姿态或动作性质的方法等。

（3）利用器材保护

利用各种保护器材对练习者实施的保护叫利用器材保护。常用的保护器材有垫子、护掌、保护带、海绵坑等专门器械设备。

2. 帮　助

为使练习者正确完成动作所给予的外界助力和刺激叫帮助。外界助力有保护帮助者的直接助力和利用器材的助力。外界刺激有听觉和视觉刺激，起到间接帮助的作用。所以，帮助分为直接帮助、间接帮助和利用器材帮助。

（1）直接帮助

保护与帮助者给予练习者的直接助力叫直接帮助。直接帮助在竞技体操动作教学中运用最普遍，方法也很多，应根据不同的项目和不同的动作灵活运用，具体的方法在“竞技体操基本动作技术与教法”一节中具体阐述。

（2）间接帮助

练习者借助视觉和听觉接受有助于正确完成动作的刺激叫间接帮助。其方法有利用信号（语言、呼声、击掌等）提示动作时机、动作节奏、动作要领等。运用标志物和限制物（球、杆、绳、手帕等醒目物品）标明动作方向、幅度、高度等，限制活动范围等，帮助练习者建立正确的空间感觉。

（3）利用器材帮助

帮助的器材与保护的器材基本相同，我们可以统称为保护帮助器材。使用时起到了助力作用，则以帮助为主，动作成功了，避免了因失误而发生的危险，即使动作失误，也能起到保护的作用。保护帮助器材没有或不能起到助力作用时，也能让练习者产生安全感，给练习者大胆完成动作以心理上的帮助和支持。

（二）保护与帮助的运用

保护与帮助是一个事物的两个方面。保护的主要任务是为动作技术的掌握提供安全保障，帮助的主要任务是加速动作技术的掌握。二者含义不同，但又相互联系。因为保护在某种程度上带有帮助的性质，帮助在很大程度上是一种可靠的保护。保中有帮，帮中有保，相互渗透，关系密切。在很多具体手法上也是相通的。运用保护帮助时应做到如下几点。

1. 重点要明确

保护的重点是身体的要害部位和最易受伤的部位。首要的是头、颈部，其次是上肢，要避免头部直接着地和直臂撑地。

2. 位置要合适

站位应靠近最容易发生危险的地方和最有利于发挥助力的地方。要求既能发挥保护与帮助的作用，又不能妨碍练习者完成动作。需要变换位置时，脚步要灵活，移动要迅速。必要时可采用两人或多人站在不同位置保护与帮助。具体位置应根据项目特点和动作的技术要求而定。

3. 部位要正确

部位是指助力的作用点。具体部位依动作的类型而定。一般而言，助力的作用点均在人体的总重心附近的部位。转体类动作，助力点在重心附近两侧的身体部位；摆动、回环类动作的助力点一般在离支点较远的身体部位；翻转类动作的助力点一般在重心附近两端身体部位；下法的助力点应在下法异侧方的身体部位。这样才能发挥助力的最大效应。

4. 时机要恰当

恰当的时机是保护与帮助的关键。实施保护与帮助时要做到三快（眼快、手快、脚快）和三同（同心、同气、同力），适时地给予助力，效果最佳。否则，会影响动作的完成，甚至造成伤害。

5. 方向要准确

方向是动作要领中一个重要因素，它标明人体的运动轨迹。只有助力的方向与动作的方向相一致时，才能有助于动作的完成。否则，适得其反。

6. 助力要适度

帮助不是“代替”，帮助只是对练习者完成动作时能力不足部分的“补充”。

所以，助力的大小与练习者掌握动作的程度有关。一般情况下，初学阶段，助力要大些，随着练习者能力的提升，逐渐减少助力。保护与帮助者在实际操作中，通过手感，区别对待，适度“补充”助力。

竞技体操动作技能的形成分为粗略掌握动作阶段、改进与提高阶段和巩固与运用自如三个阶段，由于各个阶段学生掌握动作的程度和教学任务不同，因此，对保护与帮助的运用也不尽相同。其基本规律是：在第一阶段，以帮助为主；在第二阶段，保护与帮助交替运用；在第三阶段，以保护为主，最后脱保。

一般来讲，脱保应具备下列条件：①动作技术正确，成功率高；②具有清晰而正确的运动感觉和自我保护能力；③要有坚强的意志、充分的自信和较好的体力。

（三）对保护与帮助者的要求

1. 要有高度的责任感

开展竞技体操动作教学，教师对安全负有全面的责任。要充分认识保护与帮助的意义，树立牢固的安全意识。教学中，要精心组织，精神集中，耐心细致。关键时刻应有舍己救人的精神，确保练习者的安全。

2. 熟悉动作技术

不同项目、不同类型动作都有各自的技术特点，但也有一定的规律，掌握这些规律，同时熟悉每个动作的技术特点，才能明确保护与帮助的关键及可能发生的危险。

3. 掌握保护与帮助的技能

保护与帮助是从事竞技体操动作教学和训练必备的基本技能之一。掌握技能和掌握动作技术一样，需要一个从不会到会，从生疏到熟练的过程，需要通过反复实践，才能运用自如，得心应手。

4. 做到区别对待

练习者的情况千差万别，只有掌握了教学对象的性别、技术水平、身体素质、心理素质、身体状况、思想状态等特点，才能根据实际情况，采取相应的保护与帮助措施。

思考题：

1. 竞技体操动作教学的特点有哪些？
2. 常用的竞技体操动作教学方法有哪些？
3. 运用完整法与分解法时应注意哪些问题？
4. 在竞技体操动作教学实践中，运用保护与帮助时应做到哪几点？
5. 在竞技体操动作教学中，对保护帮助者有哪些要求？

第六节　竞技体操基本动作技术与教法

一、技　巧

（一）前滚翻（图3－7）

图3－7

【动作做法】由蹲立开始，两手体前撑地，重心前移，提臀，两脚蹬地，同时屈臂，低头，含胸屈体前滚。当背腰着垫时，屈膝团身，两手迅速抱腿，起上体成站立姿势。

【技术要点】（1）两脚要充分蹬地，两腿伸直，获得向前翻转的动力。（2）经头后部、颈、肩、背、腰、臀依次着垫前滚。（3）跟上体及时，屈膝团身紧。

【教学规格】腿蹬直，方向正，滚翻圆滑。

【教学方法】（1）团身滚动成蹲立。（2）帮助下做前滚翻。帮助者跪于练习者前侧方，当练习者头部将要着地时，一手托颈；当滚翻至臀部着地时，另一手顺势推背部。

【教学提示】（1）前滚翻是向前滚翻类的基础动作，因此必须做得协调、圆滑、熟练。（2）在初步掌握此动作时，应强调两腿充分蹬直，两腿蹬直，动作变得优美，也为以后鱼跃前滚翻教学打下良好的基础。（3）此动作最易出现身体松散，滚动不圆滑。应多做屈体仰卧前翻团身前滚。（4）练习前要充分活动颈部，防止受伤。

（二）前滚翻分腿起（图3－8）

【动作做法】由蹲立开始，两臂前摆撑地，同时两腿用力蹬地，顺势低头、含

图 3－8

胸、屈臂。经屈体前滚，然后分腿，两手在两腿内侧撑地快速推起成开立。

【技术要点】（1）蹬地要有力，形成快速滚动。臀部着地时尽力向两侧分腿。（2）及时跟上体，充分屈体推手。

【教学规格】方向正，滚翻圆滑，两腿直。

【教学方法】（1）分腿坐，上体前屈，两手大腿内侧撑地推手提臀。帮助者可站于练习者体后提拉其腰部。完整练习时，保护者要站在练习者的前侧方。（2）仰卧屈体前滚动，当臀部着地时分腿撑地，抬起臀部。（3）在斜面上练习由分腿立开始做前滚翻成分腿立。

【教学提示】当臀部着地时，充分分腿，两手及时撑地是此动作的关键技术。髋关节柔韧性差的也影响完成动作，一般女生比男生容易完成动作。

（三）鱼跃前滚翻（图 3－9）

【动作做法】由直立开始，屈膝半蹲同时两臂后引，重心前移，两臂前摆，同时两脚用力蹬地向前上方跃起，两手撑地，顺势屈臂缓冲、低头、含胸屈体前滚，随即屈膝团身前滚翻成站立。

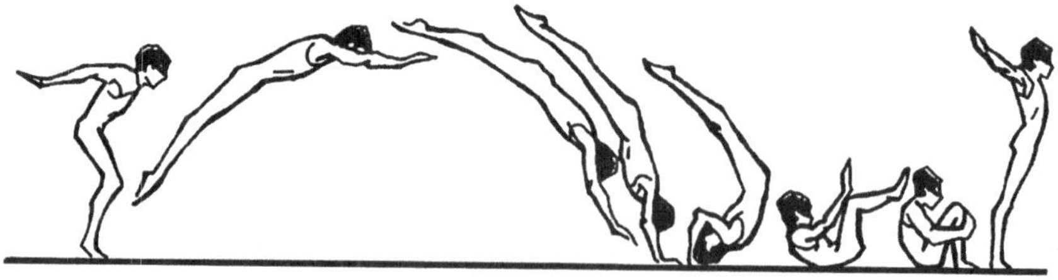

图 3－9

【技术要点】（1）蹬地充分有力，蹬地摆臂配合协调。（2）腾空时留腿控髋。（3）滚至背部着地时，屈膝团身。

【教学规格】有明显腾空，腾空时髋角大于120度，滚翻圆滑。

【教学方法】（1）做远撑前滚翻。（2）由高处向低处做前滚翻。（3）帮助下做鱼跃前滚翻。帮助者站于练习者前侧方，当练习者腾空时，一手托胸腹，另一手托腿，帮助缓冲落地和向前滚动。（4）越过一定高度障碍的鱼跃前滚翻。开始应在保护下练习。

【教学提示】（1）练习鱼跃前滚翻容易发生伤害，教学中要合理运用教法，循序渐进，克服学生恐惧心理。同时要加强保护帮助，掌握脱保时机。（2）教学的难点是动作高度和控髋留腿。教学中多采用限制物和障碍物。也可利用助跑进行练习。（3）由于鱼跃前滚翻动作有一定的活动范围，保护帮助时手法运用要熟练，步法移动要及时。

（四）肩肘倒立（图3－10）

图3－10

【动作做法】由直角坐开始，上体前屈，接着向后滚动，收腹举腿翻臀，两臂在体后用力下压，当膝部至头上方时向上伸髋。至倒立部位时，髋关节充分挺开，收紧腰、臀。屈肘内夹，两手掌心向内、虎口向上撑于背部两侧成肘、颈肩支撑的倒立姿势。

【技术要点】（1）举腿、翻臀、压臂协调配合。（2）垂直向上伸髋，至倒立部位时，髋关节充分挺开，臀部收紧。（3）屈肘内夹形成稳固的两肘和肩颈部支撑的倒立姿势。

【教学规格】一次到位，身体与地面垂直，稳定。

【教学方法】（1）仰卧举腿、翻臀，髋关节反复屈伸。伸髋结束时，身体尽力与地面垂直。帮助者可站于练习者体侧提拉其小腿。（2）完整练习。除采用上述帮助方法外，必要时可用膝顶练习者髋部帮助展髋。（3）可在头上方悬一标志物，提示动作方向。

【教学提示】要达到此动作规格，除正确掌握动作技术外，必须具有较好的腰腹力量和柔韧素质。因此教学中既要注意正确的技术，又必须注意发展身体素质。

（五）一腿摆动，一脚蹬地成头手倒立（图3－11）

【动作做法】由蹲立开始，上体前倾，两手体前撑地与肩同宽，屈臂提臀，重心前移，头前额在两手前着地。一脚蹬地、一腿摆动成头手倒立。

图3－11

【技术要点】（1）两手和前额上部成等腰三角形，颈部紧张，两肘内夹，形成稳固的三角支撑。（2）动作过程中，始终保持重心投影点落在支撑面内。

【教学规格】直腿摆动，倒立伸直，稳定。

【教学方法】（1）保护帮助下练习。保护者可站于练习者侧面，亦可站在练习者前两手扶腿部。（2）靠墙头手倒立练习。先靠墙头手倒立，再将脚移离墙面，体会倒立的调控。（3）手抓垫子一边或在垫子一角抓垫子两边进行练习。失去平衡前翻时，采用低头、含胸、弓背团身前滚翻的自我保护方法。

【教学提示】（1）头手倒立属于平衡类动作，它的动作特点是“易起不易稳”。初学者多在帮助下体会如何控制身体的平衡，所以，教学中要组织学生互相保护帮助，反复练习。即使是靠墙练习或手抓垫子进行练习，最好有他人保护。（2）练习前要充分活动颈部。脱保前应教会学生倒立前滚翻的自我保护方法，以防伤害事故的发生。

（六）屈体慢起头手倒立（图3－12）

【动作做法】由蹲立开始，上体前倾，两手体前撑地与肩同宽。两腿伸直，屈臂提臀，重心前移，头前额在两手前着地。两手用力推撑，重心继续前移，脚离地后展髋成头手倒立。

图3－12

【技术要点】（1）两手和前额上部成等腰三角形支撑，颈部紧张，两肘内夹，形成稳固的三角支撑。（2）动作过程中，展髋时要伴随着髋的回移，始终保持重心投影点落在支撑面内。

【教学规格】腿直、匀速、倒立直、稳定。

【教学方法】(1) 帮助下做慢起头手倒立。保护者站于练习者前方，两手扶其髋部，成倒立时换扶腿部。(2) 两手抓垫子边或靠墙做慢起头手倒立。(3) 降低动作难度，做屈腿或屈体分腿慢起头手倒立。

【教学提示】蹬摆头手倒立与慢起头手倒立相比，慢起技术要求身体素质较高，动作难度稍大，但此种作法易于控制身体平衡，有利于体会控制平衡的技术。要加强上肢和肩带力量练习。独立练习前要学会自我保护。

(七) 手倒立 (图3－13)

【动作做法】由直立开始，前跨一步，同时两臂前上举，上体前倾，两手前伸在体前撑地，接着前脚蹬地，后腿向后上方摆起，至倒立部位两腿并拢，身体基本伸直，稍停。

图3－13

【技术要点】(1) 两手撑地与肩同宽，手指弯曲自然分开。(2) 含胸、顶肩、收紧腰腹。保持身体重心落在支撑面内。

【教学规格】身体基本伸直，稳定。

【教学方法】(1) 初学时，练习靠墙蹬摆手倒立，练习者两手预先撑地，保护帮助者站于练习者一侧，一手扶肩，另一手托腿，助其成倒立。如在室外无墙可靠，可采用双人保护帮助练习。保护帮助者并肩站立，内侧腿前伸，练习者两手撑在帮助者前伸腿的两侧做蹬摆倒立，保护帮助者扶练习者的腿或腰部。(2) 在“教法1”的基础上，保护帮助下练习从直立开始的蹬摆成手倒立。帮助者站于练习者前侧方，拨腿助其成手倒立并扶稳。亦可站于练习者的前方，当练习者手撑地时，两手扶其髋部，助其成倒立，然后换扶腿部。对冲肩者，可用膝顶其肩。(3) 独立练习。自我保护方法：倒立前翻时，顺势屈臂、低头、含胸团身做前滚翻。也可放开一手顺势转体屈髋成站立。

【教学提示】(1) 手倒立属于平衡类动作，要独立完成此动作，需要较长的时间才能建立动力定型。因此，手倒立应经常安排在准备活动和身体素质练习中进行。(2) 在初步掌握手倒立以后，应加强做两手靠近墙撑地手倒立，要求身体尽量伸直，以发展腰腹的控制力和纠正塌腰的错误。(3) 要注意培养学生的自我保护能力，介绍自我保护的方法，这样有利于学生自我练习和避免伤害事故。

（八）手倒立前滚翻（图3－14）

【动作做法】由手倒立开始，直体直臂前倒，顺势屈臂、低头、含胸、团身完成前滚翻成站立。

【技术要点】（1）直臂直体前倒，不宜过早屈臂团身。（2）当滚至腰背部时，屈膝团身，抱小腿起立。

图3－14

【教学规格】倒立直，滚动圆滑。

【教学方法】（1）仰卧举腿经肩臂倒立前滚翻起。帮助者站于练习者侧方拨腿，助其向前滚动。（2）帮助下做完整练习。帮助者站于练习者前侧方，先扶稳手倒立，随着练习者前翻，顺势前送，当练习者滚至臀部着地时，一手拨背部，助其成蹲立。

【教学提示】（1）学习此动作前应熟练掌握手倒立和滚翻技术。（2）其难点是直臂前倒，因屈髋、屈膝的时机较难掌握，易造成“打背”的现象，产生害怕心理，影响学习情绪。因此，教学时应注意帮助学生体会与掌握动作技术，不宜过早脱保。

（九）后滚翻（图3－15）

【动作做法】由蹲撑开始，身体稍向前移，随即两手推地、含胸低头、团身后倒，屈臂夹肘两手放在肩上。后滚至肩、头着地时，臀部继续上翻，顺势推地经蹲撑成站立。

【技术要点】（1）始终低头、圆背，团身滚动。（2）积极翻臀和推手。

【教学规格】团身紧，方向正，滚翻圆滑。

图3－15

【教学方法】（1）两手放在肩上（翻掌手指向后）作团身前后滚动。（2）由头手着地蹲撑开始，迅速推起成蹲立。（3）在斜面上由高向低处做后滚翻。（4）帮助下做后滚翻。帮助者站于练习者后侧方，当滚至肩、头着地时，两手扶其髋两侧向上提拉，帮助其推手和滚动。

【教学提示】（1）完成后滚翻的关键技术是低头、团身和臀部上翻，顺势推手的技术，特别要强调持续低头，及时推手技术。练习团身滚翻动时，必须强调充分低头，两膝靠胸，做到协调、圆滑地完成此动作。（2）初学者一般不能掌握“及时推手”的技术，两手支撑不正确，造成完成动作困难，这里着重强调“夹肘反掌指向后（放在肩上）”的技术。柔韧素质较差的学生学习后滚翻时，保护帮助者采用两手扶其髋两侧的帮助方法效果较好。（3）练习前充分活动颈部，切勿疏忽。

（十）经单肩屈体后滚翻成单腿跪撑平衡（图3－16）

【动作做法】（以经右肩为例）由直角坐开始，上体前屈，接着后倒屈髋举腿，左手在肩上撑垫，右臂侧伸（掌心向上），头左屈。后滚至肩时，右腿向后主动用脚背触垫，左腿向后上方伸出，同时左手稍撑垫并转头，经右肩向后滚翻。接着右膝着垫，两手向前撑垫，上体抬起成单腿跪撑平衡。

图3－16

【技术要点】（1）后倒的同时举腿翻臀。（2）头向撑手一侧偏，不要转头，经单肩滚动。（3）两腿前后分开，支撑腿主动着地，后举腿尽力高举。

【教学规格】滚翻节奏均匀，方向正，后举腿高于头。

【教学方法】（1）后倒颈侧屈、单手支撑练习，慢做体会动作技术。（2）经单肩后滚翻成跪撑。（3）帮助下完成动作。帮助者跪于练习者左侧方，一手托其左腿，另一手扶其左肩。

【教学提示】完成此动作的关键技术是后滚时两手的位置与头部屈的方向是否正确。初学时重点采用“教法1”进行练习，同时注意加强腰、髋柔软素质的练习，才能高质量地完成动作。

（十一）屈体后滚翻（图3－17）

【动作做法】由直立开始，上体前屈，两腿伸直臀部后坐，两手靠近大腿中部两侧撑地，接着上体顺势后倒，同时向后举腿翻臀，屈体后滚两手反掌置于肩上。当滚到肩部时，两手用力推地，尽量收腹屈体，经屈体立撑成站立。

图3－17

【技术要点】（1）前屈后坐时，屈体要充分，两手靠近大腿中部先于臀部着地。（2）臀部着地的同时，上体及时、快速后倒，同时快速、充分屈体翻臀。（3）动作结束时，两脚尽量靠近两手着地。

【教学规格】腿直，滚翻圆滑。

【教学方法】（1）团身后滚翻直腿起。（2）从并腿坐开始的屈体后滚，两手反掌置于肩上，两脚在头后触地。（3）身后放双层垫子，站于地上练习屈体后坐动作。（4）在1～2层垫上，做屈体后滚翻，两脚落在垫子外。亦可在斜坡上从并腿坐开始由高向低练习屈体后滚翻。（5）保护帮助时，帮助者站于练习者侧方，当练习者举腿翻臀后，两手提拉其髋部，助其翻转。

【教学提示】（1）在学会团身后滚翻的基础上，完成此动作是比较容易的。（2）完成此动作的关键技术是充分屈髋与顺势推手。“屈”是此动作的特点，若前半部屈体不够会导致臀部落地“沉重”；若后半部屈髋不紧脚落地距手太远，会造成推手困难以致动作的失败。因此后半部的充分屈髋是此动作的技术关键。

（十二）侧手翻（图3－18）

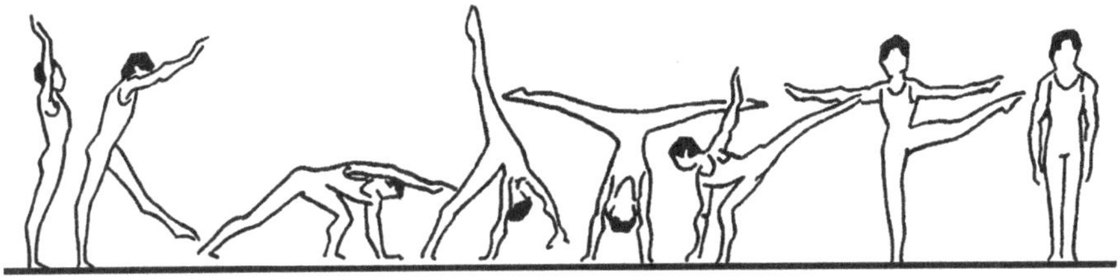

图3－18

【动作做法】（正下侧起，以左侧为例）由直立开始，左脚前跨一步同时两臂上举，上体前倾，手撑地前顺势向右转体90度，右腿后摆。左右手前伸依次在左脚的延长线上撑地，左脚蹬地后经分腿倒立姿势，顶肩、立腰。两手依次推地，两脚依次落地。

【技术要点】（1）充分蹬地摆腿，左右手前伸依次在左脚的延长线上撑地。（2）经分腿倒立时，要顶肩、立腰。动作过程中两腿开度要大。（3）后半部两手依次推地，两脚依次落地。

【教学规格】身体与地面垂直，脚手在一条直线上。

【教学方法】（1）由站立姿势开始摆手倒立。（2）帮助下练习经分腿倒立向右侧落成分腿站立。帮助者站于练习者前方，先扶稳分腿手倒立，再一手扶右髋，另一手托左肩，助其侧翻成开立。（3）帮助下做侧手翻。帮助者站于练习者前侧方（倒立时的背面），两手交叉扶其腰部两侧，帮助翻转。（4）在标志线上练习，要求手脚落在一条直线上。

【教学提示】（1）摆手倒立是此动作的基础动作。摆手倒立动作与姿势的好坏，直接影响到侧手翻动作的学习速度与动作质量。练习摆手倒立时，应着重于练摆，做到两手撑地与摆蹬腿的协调配合。特别要强调顶肩、立腰，身体伸直。（2）侧手翻的关键技术是上体正前倒（手撑地顺势转体），两手依次正前撑，腿正后摆，三“正”是决定侧手翻运动路线和方向以及动作质量的关键，“正”字也是此动作的难点。（3）顶肩，拉开肩角是侧手翻的重要技术，“冲肩”是练习侧手翻过程中的常见错误，长时间内难以改正。造成“冲肩”的直接原因一是撑手太近，二是撑手前未及时顺势转体。多练习靠倒立（正靠、反靠、并腿、分腿）。（4）侧手翻分正下侧起和侧下侧起两种，侧下侧起一般用于连续侧手翻。

（十三）头手翻（图3－19）

图3－19

【动作做法】由直立开始，上体前屈，两腿稍屈蹬地后伸直，两手和头前额撑地，经屈体头手倒立前移。当臀部移过支点垂面后，两腿快速向前上方伸腿展髋，同时两手用力推离地面，腾空时抬头挺身，至两脚缓冲落成两臂上举的直立姿势。

【技术要点】（1）两手和头前额撑地成三角形，蹬地快速有力。（2）当臀部移过支点垂面后，向前上方伸腿展髋。（3）推手展髋迅速充分，腾空时抬头挺身。

【教学规格】有明显腾空，挺身并腿站立。

【教学方法】（1）帮助下练习蹬地提臀，经屈体头手倒立前移的动作。帮助者单膝跪于练习者前方，当臀部移过支点垂直面时，扶其髋部，防止前倾。此方法亦可对墙练习。（2）帮助下练习蹬地、移臀、伸腿展髋和推手技术。帮助者站于练习者前方，扶其髋部两侧顺势向前上方提起扛于肩上。（3）帮助下做“仰卧屈伸起”动作。两个帮助者分别站于练习者侧方，握住练习者的手腕，帮助上提。（4）帮助下由高向低处做头手翻。两个帮助者分别单膝跪于练习者侧方，一手托肩，另一手托背。熟练掌握动作技术后，帮助下在平垫上做头手翻，然后过渡到独立完成。

【教学提示】（1）臀部移过支点垂面后，伸腿展髋，同时推手，是决定能否完成此动作的关键。两腿伸直，向前上方迅速展髋同时猛力推手是保证此动作质量的主要技术。初学者一般难以掌握展髋推手的时机以及伸腿的方向。“教法1”的目的是使学生明确蹬地移臀、留腿以及头、手的正确支撑姿势。对伸腿展髋慢、伸腿方向概念差的学生，还可采用“教法2”去纠正。（2）“教法3”是建立头手翻挺身动作概念的有效手段，教学时必须强调挺身动作，不能急于求成。（3）提高头手翻的腾空高度除正确掌握动作技术外，练习由低向高处（1～2层10公分垫子）的头手翻，对提高腾空高度，也是很有效的教学手段。（4）教学中注意发展学生的肩带和腰腹力量素质。

（十四）前手翻（图3－20）

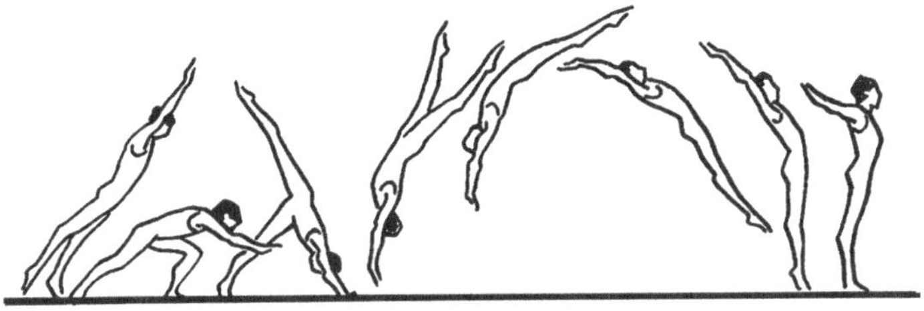

图3－20

【动作做法】由直立开始，助跑（亦可原地）趋步落地后，上体积极下压。一腿用力向后上方迅速摆起，两手积极前伸撑地，另一脚蹬地，迅速与摆动腿并拢，接近手倒立部位制动腿、顶肩推手。腾空后稍抬头，保持挺身，落地缓冲成两臂侧上举的直立姿势。

【技术要点】（1）身体快速下压，两手积极前伸撑地。两腿蹬摆快速有力。（2）接近手倒立部位并腿，顶肩推手快速有力。（3）腾空后保持挺身。

【教学规格】有明显腾空，落地站稳。

【教学方法】（1）对墙快速摆手倒立。此练习可原地做，亦可趋步做。（2）练习摆倒立推跳。倒立前翻时，保护者站在练习者侧方或前方挡腿。练习者也可做前滚翻自我保护。（3）练习摆蹬腿与推手配合的动作，帮助者用“肩扛法”进行帮助。（4）保护帮助下由高处向低处做前手翻。保护者（单人或双人）站于练习者前侧方，一手托肩，另一手托背，帮助翻转。

【教学提示】（1）练习趋步（节奏跳），是学习前手翻的前提。趋步摆手倒立必须要求做到协调、自然。（2）摆腿蹬地后的并腿与推手的协调配合是决定动作质量的关键技术。因此在做这类辅助性练习时，必须掌握推手的时机与身体各部分协调配合的技术。特别对低头、冲肩、不会推手的学生，应反复帮助做好摆手倒立和推手的动作。（3）要正确掌握脱保的时机与手法，在学生基本完成动作时，应该采用脱与帮相结合的方法进行练习，不能急于求成。

（十五）俯平衡（燕式平衡）（图3－21）

图3－21

【动作做法】由直立，两臂上举开始，上体前倒，同时挺胸抬头，两臂侧举，支撑腿绷直，用全脚掌控制平衡，另一腿向后上举起成俯平衡。

【技术要点】（1）上体挺胸抬头下压，向后上方举腿。（2）支撑腿绷直，用全脚掌控制平衡。

【教学规格】动作舒展、髋正、后举腿的膝高于臀水平面。

【教学方法】（1）手扶器械进行练习。（2）帮助下练习。帮助者站于练习者侧方，一手托肩，另一手扶后举腿。

【教学提示】此动作质量的高低取决于髋腰关节的柔韧性，动作的稳定性在于支点前后各半部的力矩保持平衡以及运动员控制平衡的能力，练习中要及时调整身体各部位之间的相对位置。

（十六）跪跳起（图3－22）

图3－22

【动作做法】由跪立，两臂上举开始，上体稍前倾，屈髋后坐，同时两臂后引，接着迅速向前上摆臂，同时展髋立腰，脚背和小腿用力压地。当身体向上腾起时，迅速制动两臂同时收腹提膝成蹲立。

【技术要点】（1）向前上摆臂、展髋、立腰与脚背、小腿用力压地配合协调。（2）身体向上腾起时，及时地制动两臂和收腹提膝。

【教学规格】动作协调，有腾空，落地稳。

【教学方法】（1）由跪立开始，做摆臂展髋、压小腿上弹的协调练习。也可练习跪跳前进。（2）帮助下练习。帮助者站于练习者侧方或后方，当练习者臂前摆时，顺势提拉其上臂助其腾起。

【教学提示】摆臂、展髋、立腰与脚背、小腿用力压地配合协调以及腾起时，及时地制动两臂和收腹提膝是完成动作的关键。教学中重点抓身体各部位的协调配合。

（十七）俯撑单腿经侧向前摆越转体 180 度成仰撑（图 3－23）

图 3－23

【动作做法】（以右腿摆越为例）

俯撑开始，腹稍下压，随即提臀，右腿经侧向前摆越，经过两手交替推起，右手换撑左手处。当摆越过两手支撑后，迅速转体 180 度，左手经上至背后撑地，挺胸抬头成仰撑。

【技术要点】（1）摆越腿经过两手支点时，两手要有主动推离动作。（2）当摆越过两手支撑后，迅速转体 180 度，挺胸抬头成仰撑。

【教学规格】腿直，不擦地，摆越腿脚尖要经过两手支点前方。方向正。

【教学方法】（1）做纵劈腿的练习。（2）俯撑单腿摆越同侧支撑手的练习。（3）直接练习。

【教学提示】此动作要求髋关节具有一定的柔韧性，教此动作之前，必须事先安排发展髋关节灵活性的练习。在具备一定柔韧素质之后，采用由模仿至正式练习的方法，学生就能很快掌握此动作。

（十八）俯撑两腿经侧摆越成仰撑（图3－24）

图3－24

【动作做法】俯撑开始，脚前掌蹬地，稍提臀两腿经侧向前摆越，同侧手推离，向异侧移肩，接着两腿前伸送髋，推离手背后撑地，拉开肩角成仰撑姿势。

【技术要点】（1）腿向前摆越时要主动推手向异侧移肩。（2）摆越后要积极向前伸腿送髋，拉开肩角成仰撑姿势。

【教学规格】两腿伸直，摆越时不擦地，成仰撑时方向正。

【教学方法】（1）俯撑经侧摆越成坐撑，逐步前伸至仰撑。（2）帮助下练习。帮助者站（跪）于练习者摆越的异侧方，一手扶其上臂，另一手托送臀部；成仰撑时，托臀的手换托背部。

【教学提示】初学者一般动作不到“位”（方向不正，伸腿远度不够），教学时应重点强调摆越后的伸腿送髋挺身技术。

二、单　杠

（一）低杠前正立正握跳上成支撑（图3－25）

【动作做法】由前正立正握开始，屈膝蹬地向前方跳起，同时直臂压杠成支撑。

【技术要点】（1）向前方跳起，直臂压杠。（2）支撑时顶肩上体稍前倾，挺胸紧腰，后举腿。

【教学规格】直臂支撑，腿与杠下垂直面夹角在45度以上。

【教学方法】（1）在平衡木或较低的低杠上学习跳上成支撑。（2）帮助下练习。帮助者站于练习者后侧方，两手扶腰，助其上成

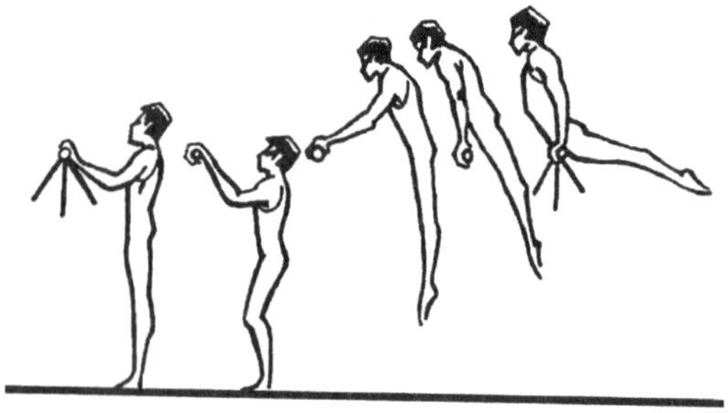

图3－25

支撑。

【教学提示】此动作是单杠练习的基本动作，对支撑姿势必须严格要求。

（二）支撑单腿摆越成骑撑及还原（图3－26）

【动作做法】（以右腿摆越为例）由支撑开始，右手推杠，向左倒肩，右腿向侧摆越，接着右手推离杠，右腿越杠后，肩回移抬上体，同时右手重新握杠成骑撑姿势。还原时，做法相同，但腿向后摆越。

图3－26

【技术要点】（1）推手倒肩几乎同时进行。重心左移，同时右手推杠，右腿向侧摆越，接着右手迅速握杠。（2）腿摆越杠后使大腿根部靠杠。右手快速重新握杠，同时肩回位抬上体。

【教学规格】直腿摆越。骑撑时，上体正直，两腿间夹角大于90度。

【教学方法】（1）手持体操棍做模仿练习。（2）在跳箱、鞍马或平衡木上练习。（3）保护帮助下练习。帮助者站于练习者摆越腿的异侧杠后，一手扶上臂，另一手托腿，帮助完成动作。

【教学提示】此动作虽然简单，往往由于动作不协调而造成脚碰杠或掉下现象，因此初学既要注意正确技术、安全保护，又要克服害怕心理状态。

（三）骑撑后腿向前摆越同时转体90度下（图3－27）

【动作做法】（以向右转为例）由右腿骑撑开始，右手在距身体20～30厘米处反握。上体右倒，同时两腿向左侧上方摆起，左手推离杠，重心移至右臂，右腿压杠向左侧上方弹起。右臂直臂顶杠，以头和肩带动身体向右转体90度，左腿摆越后，右腿随即向左腿并拢挺身下。

图3－27

【技术要点】（1）转体一侧手反握，距身体20～30厘米距离。（2）倒肩、摆腿、弹杠、转体动作连贯协调。（3）以头和肩带动身体转体90度。左腿摆越后，右腿主动向左腿并拢。

【教学规格】身体明显弹起，并腿，充分挺身。

【教学方法】（1）在跳马（箱）或平衡木上做骑撑后腿摆越转体90度下。（2）保护与帮助下做完整动作。帮助者站于练习者右后方，右手扶右上臂帮助倒肩，左手拨后腿帮助摆越或左手拨右腿帮助侧摆并腿挺身。

【教学提示】（1）完成好此动作的关键技术，在于肩的移动与后腿的摆越紧密配合。当肩向侧移动的同时，后腿必须相应地向侧上方摆越以获得相应的平衡。（2）此动作弹起的高度，决定于动作的连贯和摆越的速度、大腿压杠的力量以及顶肩撑杠的技术。必须在改进与提高动作技术时加以强调，对大腿压杠动作技术体会差的学生，采用“教法1”体会技术要点效果好。（3）挺身动作的好坏，主要取决于转体的方法（以头、肩带动上体和腿）以及前腿向异侧摆并向后腿。

（四）骑撑后腿向前摆越转体180度成支撑（图3－28）

【动作做法】（以向右转为例）由右腿骑撑开始，右手反握，上体右侧后倒，挺身控腿。左手推离杠，以右臂为轴，用上体带动身体向右转体180度，左手换握杠，并拢两腿成支撑。

图3－28

【技术要点】（1）上体侧后

倒（先侧再后），挺身控腿。（2）用上体带动身体转体。

【教学规格】直体转体，成支撑时保持挺身后举腿。

【教学方法】（1）在跳马（箱）或平衡木上做模仿练习。（2）帮助下做完整动作。帮助者站于杠前方，一手握其前脚掌，助其维持平衡，完成转体动作。或站于杠后练习者转体异侧方，一手扶上臂，另一手托后腿，助其转体。

【教学提示】此动作的特点是在保持平衡状态下来完成的，其关键技术是向侧后倒肩和后腿的控制，必须注意身体重心的调节，克服害怕心理，转体果断，动作要连贯。在帮助下体会动作技术要领之后，再过渡到独立完成。

（五）支撑后摆下（图3－29）

【动作做法】由支撑开始，腿稍前摆，肩稍前移，接着两腿用力后摆，两臂伸直撑杠。后摆接近极点时稍含胸并制动腿，紧接着直臂用力顶肩推杠抬上体，空中挺身，缓冲落下。

图3－29

【技术要点】（1）两腿用力向后上方摆起，两臂伸直撑杠。（2）直臂用力顶肩推杠，抬上体挺身。

【教学规格】腿后摆高于肩水平，（女生高于杠水平）。推手后有挺身，落地基本站稳。

【教学方法】（1）支撑后摆，落下成站立悬垂。（2）支撑后摆，落下还原成支撑。（3）帮助下完整练习（逐步提高后摆高度）。帮助者站于练习者侧后方，一手扶上臂，另一手托腿帮助后摆。落地时两手前后扶腹背部。

【教学提示】（1）此动作是协调性要求较高的动作，具有学会容易，学好难的特点。其难点在于腿的制动与推手技术协调的配合，做“后摆不高的后摆下”，其主要目的就是为了掌握制动腿、推手的时机，因为摆幅小易于控制身体，利于掌握动作技术，也可以避免因后摆力量太大而造成跌倒的现象。（2）后摆高度与挺身技术是衡量此动作质量的主要标志，学习应该从掌握后摆技术入手，然后去掌握推手、挺身技术。后摆高度也不宜太高，太高不利于推手，抬上体，一般在肩水平以上 20～45 度为宜。（3）后摆撤肩是初学者最容易犯的错误，应采用“教法2”纠正，强调后腿高度与支撑的技术。（4）双杠与单杠支撑后摆下的后摆，挺身技术基本相似，而且双杠支撑后摆下挺身技术较易掌握。所以一般应该先学习双杠的支撑后摆下，最好把两个动作安排在一个教学阶段进行学习，这样有利于动作技能的正迁移。

（六）低杠后正立正握跳起成屈体悬垂（图 3－30）

【动作做法】后正立正握开始，体前屈，屈膝下蹲，蹬地跳起，同时低头、含胸、提臀。当臀部摆过杠下垂直部位后，两臂夹紧成屈体悬垂。

图 3－30

【技术要点】跳起的同时低头、含胸、提臀。

【教学规格】屈体悬垂时，臀部高于肩，两腿伸直。

【教学方法】（1）在低双杠上由后正立正握跳起成屈体悬垂。（2）帮助下练习。帮助者站于杠前侧方，一手托肩，另一手托大腿前部，助其成屈体悬垂。当成屈体悬垂后，换成托臀部。

【教学提示】对素质差的学生，可先降低杠的高度（可采用垫高垫子的方法）进行练习。

（七）骑撑后倒挂膝上（图 3－31）

图 3－31

【动作做法】由正握骑撑开始，重心后移，后腿后下伸，直臂后倒挂膝，后腿前摆至杠水平面时做制动式的前伸动作。回摆时，后腿充分伸直后摆，后摆接近极点时，前腿膝窝用力勾杠，同时两臂顺势压杠，起上体成骑撑。

【技术要点】(1) 后腿后下伸，直臂后倒挂膝。(2) 前摆接近杠水平位置时，摆动腿制动式前伸。(3) 回摆时，后腿充分伸直后摆，直臂压杠上起上体。

【教学规格】连贯圆滑，直臂压上，成骑撑时两腿开度大。

【教学方法】(1) 单挂膝摆动。(2) 帮助下做单挂膝摆动上。帮助者站于杠下前侧方，一手压摆动腿膝部，另一手拖背部，摆动 1 ~3 次助其上成骑撑。然后一手托前腿，另一手扶背部助其维持平衡。(3) 帮助下做骑撑后倒挂膝上。帮助手法同上。

【教学提示】(1) 直臂后倒是骑撑后倒挂膝上的难点，一是有害怕心理，二是难以控制身体，特别难以制动腿，因此，初学者往往做成屈臂后坐的动作，可在保护帮助下慢动作体会后倒。(2) 直臂后倒因半径长，摆幅较大，为了能控制好身体，必须做好后腿下伸与前摆时的制动动作，如果配合得好，既省力，动作质量又高。(3) 练习时必须充分利用摆动，压杠动作不宜早，不能屈臂拉杠。(4) 学习此动作易发生膝关节后部磨伤，教学中要掌握好练习量和练习间隔。同时也要采用相应的保护措施，如带上护膝练习或在单杠上套一管子练习。

(八) 一脚蹬地，一腿摆动翻上成支撑（图 3 -32）

【动作做法】前正立正握开始，一腿经前向后上方摆起，另一腿蹬地。同时屈臂引体倒肩使腹部靠杠，蹬地腿迅速向摆动腿并拢。当身体翻至杠水平面时制动腿，翻腕、展髋、抬上体成支撑。

图 3 -32

【技术要点】(1) 摆腿蹬地充分，屈臂引体倒肩，使腹部靠杠。(2) 及时制动腿，翻腕，抬上体。

【教学规格】动作连贯，成支撑时臂直，充分挺身，腿与杠下垂直面的夹角约 45 度。

【教学方法】(1) 杠前设置低器械（低山羊或跳箱），用蹬地脚踏器械做翻上。（2）保护帮助下练习。帮助者站于杠下前侧方，一手托臀，另一手拨肩，当成支撑时换成一手托肩，另一手托腿。

【教学提示】（1）完成翻上须具备一定的上肢拉引力量和腰腹的力量素质，教学中应首先发展这类身体素质。（2）腹部贴杠是完成动作的关键技术。蹬摆无力、摆腿方向偏前、引体倒肩与蹬摆动作的配合失调、蹬地腿并腿不及时都会引起贴不上或贴不紧杠。对于摆腿方向错误，可采用标志物引导摆腿方向。（3）制动腿和抬上体的时机掌握对动作的成败有较大的影响。可在帮助下练习从杠上支撑开始（帮助者压住练习者双腿）上体前屈至杠水平面以下，再抬头、翻腕、起上体还原成支撑。（4）学会摆蹬地翻上后，可以学习双脚蹬地翻上和不蹬地的慢翻上。

（九）经直角悬垂摆动屈伸上（图3－33）

【动作做法】由站立悬垂开始，向后上方跳起，含胸、提臀，屈体前摆。两脚沿地面前伸，逐渐展髋拉开肩角。前摆接近极点时，收腹、举腿、翻臀成踝靠杠的屈体悬垂。回摆至肩过杠下垂面后，两腿沿杠面向前上方伸出，同时直臂压杠直至髋关节靠杠，立腕成支撑。

图3－33

【技术要点】（1）前摆时，脚沿地面前伸，接近极点时收腹举腿。（2）回摆至肩过杠下垂面后，两腿沿杠面向前上方伸出。（3）直臂压杠。

【教学规格】经屈体悬垂摆动，屈伸充分，直臂完成。

【教学方法】（1）直角悬垂摆动，前摆收腹、举腿、翻臀，成两脚靠近杠的屈体悬垂。（2）手握体操棍，仰卧跳箱或垫子（稍低于臀）模仿练习屈伸上后半部动作。（3）杠前放一山羊，帮助下做仰卧屈伸上。帮助者站于杠前侧方，一手托背，另一手托腿，助其收腹、举腿、伸髋、压杠成支撑。（4）帮助下完整练习。帮助方法同上。

【教学提示】（1）学习此动作首先应打好身体素质基础，尤其是肩带和腰腹的力量素质。（2）掌握屈伸的时机是完成动作的关键，多用语言或掌声提示。（3）强调直臂完成动作。可采用“推车”练习体会直臂压杠。具体方法是：练习者杠上支撑，两腿分开，帮助者手托其脚跟，练习者直臂后倒前摆，帮助者后撤步。回摆时，帮助者上步，顺势用力前推，练习者直臂压上还原成支撑。

（十）支撑后倒屈伸上（图3－34）

图3－34

【动作做法】由支撑开始，向后倒肩，当身体失去支撑时，顺势收腹举腿屈髋成屈体悬垂前摆，同时肩和臀部顺势向前上送出，稍展髋。回摆时折体，使两踝靠近杠。当回摆肩过杠下垂直部位时，两腿沿杠向前上方伸出，同时直臂压杠，立腕上成支撑。

【技术要点】（1）后倒前摆顺势向前上送髋，展髋后及时收回。（2）后摆肩过杠下垂直部位后，及时伸髋，直臂压杠。

【教学规格】充分屈伸，直臂压上。

【教学方法】（1）帮助下做低杠站立悬垂，跳起经屈体悬垂摆动。帮助者站于杠前侧方，一手托背，另一手托腿，防止腿掉落。（2）帮助下做支撑后倒成屈体悬垂摆动练习。帮助方法同上。（3）帮助下做完整练习。帮助方法同上。

【教学提示】正确掌握后倒向前送浪与回摆至肩过垂直面后伸压的时机，是完成此动作的关键技术。教法“1、2”均是培养动作节奏与体会技术要点的有效方法。

（十一）骑上（图3－35）

【动作做法】前摆技术同屈伸上，收腹、举腿、翻臀，使脚面靠近杠，一腿迅速穿越杠，顺势回摆，肩过杠下垂直部位后，两腿迅速沿杠伸髋，直至大腿根部，同时直臂压杠，跟上体，立腕上成骑撑。

【技术要点】（1）及时收腹、举腿、翻臀、穿杠。（2）回摆肩过杠下垂直部

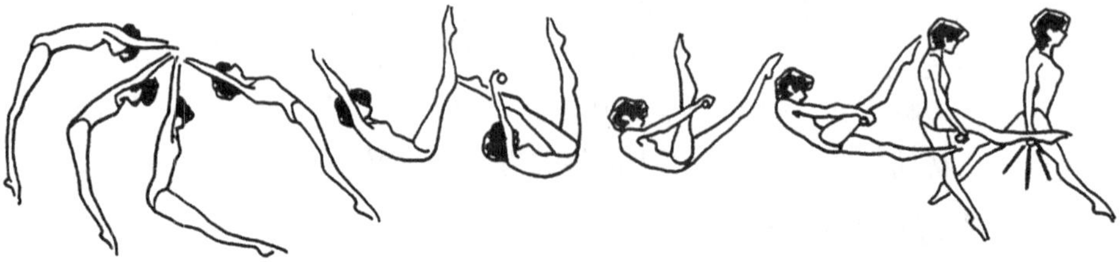

图 3－35

位后，迅速伸髋，直至大腿根部。直臂压杠。

【教学规格】直臂直腿，动作连贯。

【教学方法】（1）跳起经直角悬垂摆动和收腹举腿练习。（2）仰卧在跳箱或垫子（稍低于臀）上，手持体操棍前上举，收腹举腿，两臂前压做穿腿骑上的模仿动作。（3）帮助下练习骑上。帮助者站于杠前摆越腿的异侧，一手托背，另一手托腿，助其上成骑撑。

【教学提示】骑上与屈伸上动作结构相同，其特点是在屈伸过程中一腿迅速穿越杠的同时来完成动作，教学过程中应强调必须两腿同时举起，接近杠时一腿迅速穿杠，两腿同时向前上方伸腿。防止只举一腿，臀部位置过低的现象。这类动作应以低杠经直角悬垂摆动屈伸上为基础（断面）动作为主进行教学。

（十二）骑撑前回环（图 3－36）

图 3－36

【动作做法】由反握骑撑开始，直臂顶肩，重心上提，前腿举起前跨，上体挺直前倒。回环时后腿贴杠。回环过杠下垂面后，前腿前伸下压，使大腿根部靠杠。回环至上体超过杠水平面后，直臂压杠跟上体，翻腕控制握杠还原成骑撑。

【技术要点】（1）重心上提，举腿向前远跨，尽量使身体重心远离握点。（2）回环时后腿贴紧杠。（3）回环过杠水平面后，直臂压杠跟上体，翻腕控制握杠。

【教学规格】动作连贯，两臂伸直，腿充分分开。

【教学方法】（1）帮助下做骑撑重心上提，举腿前跨，上体前倒的动作。帮助者站于杠前侧方，一手握踝关节，另一手托小腿顺势前送。（2）帮助下做完整动作。帮助者站于杠下后侧方，一手从杠下翻握（掌心向外，虎口向下）其手腕，当练习者回环过杠下垂直部位后，另一手顺势托背，帮助上成骑撑，然后换成一手扶肩，另一手托腿。初学时可双人帮助。（3）在杠前设一标志物（距前脚20厘米左右），让练习者前腿前跨时触及标志物做前回环。

【教学提示】（1）提、跨、倒是动作的关键技术，充分前跨是此动作的难点，初学者易产生害怕心理，影响动作的学习。因此，在学习动作技术的过程中，应注意解决影响学习的心理因素。（2）“教法1”的目的，是体会动作的前半部技术，前半部技术正确与否，是此动作能否完成的决定因素，因此，采用“教法1”时，必须帮助练习者掌握好前半部技术，对不敢前倒者也可采用两手托肩的方法，帮助做前倒动作。

（十三）骑撑后回环（图3－37）

【动作做法】由正握骑撑开始，直臂顶肩稍提臀，后腿后伸，同时重心后移至前腿中部贴杠，随即挺直上体后倒向后回环。回环约四分之三时，迅速翻腕起肩成骑撑。

【技术要点】（1）动作开始时，后腿要后伸，重心后移。（2）倒体主动积极，保持直臂、挺身。（3）回环约四分之三时，及时翻腕起肩。

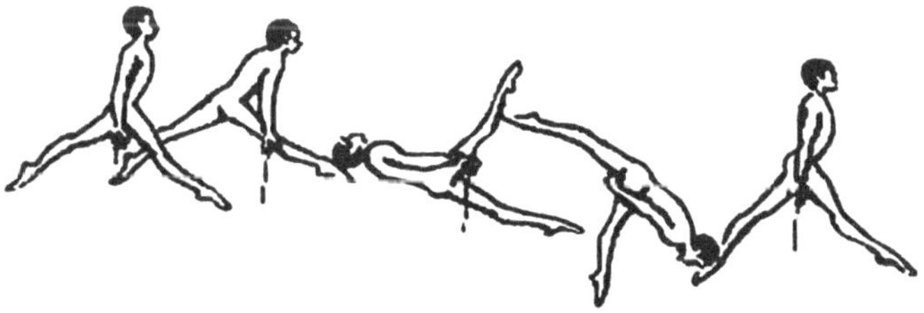

图3－37

【教学规格】动作连贯，体直、臂直、腿开。

【教学方法】（1）地上单腿后举站立，后腿后伸同时上体挺身后倒练习。（2）帮助下建立后伸腿、后倒体的概念。练习者杠上骑撑，帮助者位于练习者后方，当练习者后倒时，一手托腿，另一手顶背部。（3）帮助下完整练习。帮助者位于杠下前侧方，一手从杠下翻握（掌心向外，虎口向下）其手腕，当练习者回环过杠下垂直部位后，另一手托肩或上臂，帮助上成骑撑，握手腕的一手换托腿部。初学时可双人帮助。

【教学提示】（1）提（臀）、移（重心）、伸（腿）、倒（上体）是动作的关键技术，也是学习此动作的难点，具有害怕心理是初学者的普遍现象，而且是影响学好此动作的决定因素。因此，在学习动作技术的过程中，应注意解决影响学习的心理因素。（2）初学者最易出现的错误是动作的前半部屈髋后坐倒体，前半部技术正确与否，是此动作能否完成的决定因素，“教法 1”和“练习 2”是纠正此错误较为有效的方法。

（十四）支撑后回环（图 3－38）

【动作做法】由支撑开始，腿稍前摆，肩稍前移，接着两腿用力后摆，两臂伸直撑杠。下摆至腹部触杠时上体后倒，腿继续前摆，身体保持伸直（可稍屈髋）。当回环至四分之三时，制动腿挺身抬上体，翻腕成支撑。

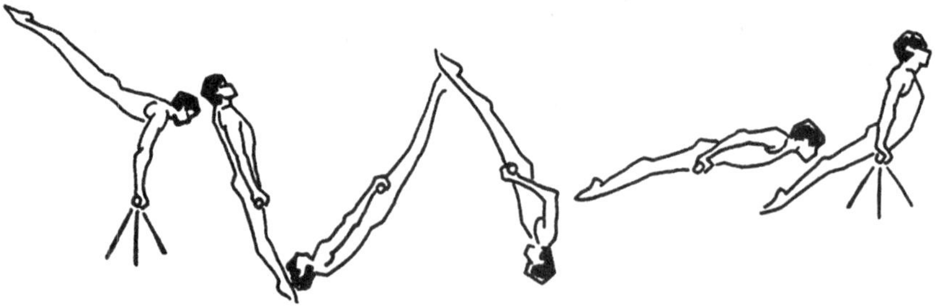

图 3－38

【技术要点】（1）下摆至腹部触杠时上体后倒，身体保持伸直。（2）当回环至四分之三时，制动腿挺身抬上体。

【教学规格】后摆身体高于肩水平面，直臂直体，动作连贯。

【教学方法】（1）快速翻上成支撑。（2）支撑后摆落下成支撑。（3）帮助下做完整动作（后摆幅度由小到大）。帮助者站于杠前侧方，一手按压臀部使腹部靠杠，另一手拨腿助其回环。回环至四分之三时，一手托腿，另一手托肩，帮助控腿抬上体，维持平衡。

【教学提示】（1）腹部触杠时上体顺势后倒是支撑后回环的关键技术，练习“教学 2”时，必须使学生明确后倒的时机与掌握控制身体姿势的能力。（2）倒肩过晚容易造成腹部碰杠，并产生害怕心理，影响学习情绪，纠正这种现象的方法有三：一是后摆的幅度由小到大，有利于控制身体，即使腹部碰杠也不会太重；二是帮助者注意正确运用帮助方法，帮助练习者腹部靠杠与防止成支撑时两腿前踢的现象。三是采用辅助性练习（两手握肋木或体操棍做倒肩、腹部压杠的模仿练习），使学生体会腹部触杠，上体后倒的技术。（3）此动作是运用力偶原理完成动作的，因此，必须使上体和下肢的速度基本相等，在保持相对平衡的状态下进行回环。

（十五）直臂起摆（图3-39）

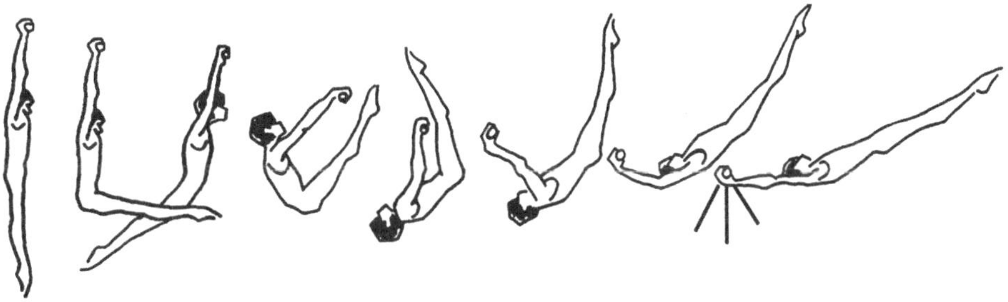

图3-39

【动作做法】由正握悬垂开始，收腹举腿至直角，随即两腿后摆向前振胸，两臂用力压杠，迅速收腹举腿前摆。当摆过杠下垂直部位时，两腿积极向前上方沿弧线伸出，送髋，两臂伸直向后带杠，拉开肩角，身体伸直自然后摆。

【技术要点】（1）“收”（收腹举腿至直角）、“挺”（两腿后摆向前振胸）、“收”（收腹举腿）三动作要急振。（2）当前摆过杠下垂直部位时，两腿积极向前上方沿弧线伸出，送髋，同时直臂向后带杠。

【教学规格】摆至极点时，身体高度接近杠水平。

【教学方法】（1）低杠站立悬垂开始，做跳起支撑后倒孤形前摆躺高垫（海绵垫）。（2）小幅度起摆练习。（3）在保护帮助下逐步加大摆动幅度练习。保护者站于杠下侧方，一手托臀，另一手顶送肩部，助其上摆。回摆时，一手托腹助其后摆并防止脱手。

【教学提示】（1）此动作既要具备一定的身体素质，又要有较好的协调性。其技术关键是收—挺—收的协调配合。对协调性差，起摆不高的练习者，可着重练习小摆动起摆去体会其动作技术。（2）收腹举腿后能否向前上方伸腿与身体顺势前摆也是决定此动作质量的关键所在。易发生的错误是只展髋不带肩。帮助者可采用托臀拨肩的方法助其上摆，提高起摆的高度。（3）起摆时最好深握杠，前摆时保持扣腕，以防后摆时脱手。此动作一般容易在后摆时脱手，保护与帮助者必须注意站立位置、保护手法以及安全措施。

（十六）屈臂起摆（图3－40）

【动作做法】由正握悬垂开始，稍屈臂引体，腿稍前摆，待回摆过杠下垂面后迅速引体，接着收腹举腿，上体后倒，身体顺势前摆。当肩摆至杠下垂直部位时，两腿积极向前上方沿孤线伸出送髋，同时两臂积极向后引杠，拉开肩角，身体伸直自然后摆。

图3－40

【教学提示】此动作与直臂起摆相比，除前半部有屈臂与直臂技术区别外，后半部技术基本相同。教学中参照直臂起摆的教法与保护帮助。

（十七）悬垂摆动（图3－41）

【动作做法】悬垂起摆后，保持身体伸直姿势后摆，接近杠下垂直面时，稍屈髋，沉肩，摆过杠下垂直面后，迅速向后甩腿。接近极点时，两臂压杠，向前转腕。前摆时含胸顶肩，脚尖远伸，身体尽量伸直，接近杠下垂直面时，稍展髋、沉肩、留腿。摆过杠下垂直面后，迅速向前上方踢腿、扣腕，并带动整个身体摆至最高点。如此反复摆动。

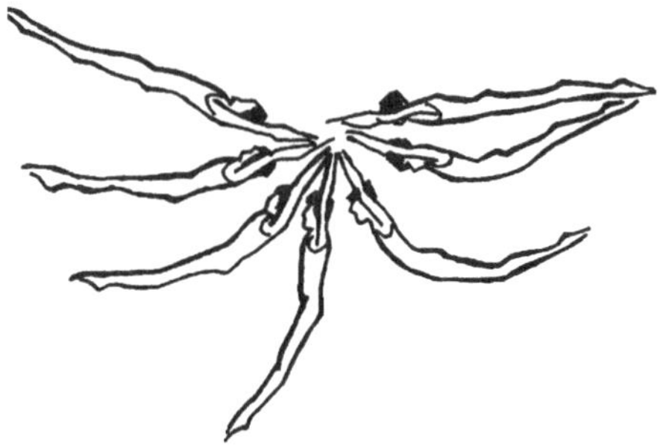

图3－41

【技术要点】（1）后摆接近杠下垂直面时，稍屈髋，沉肩，摆过杠下垂直面后，迅速向后甩腿，接近极点时，两臂压杠，向前转腕。（2）前摆接近杠下垂直面时，稍展髋、沉肩、留腿。摆过杠下垂直面后，迅速向前上方踢腿，扣腕，并带动整个身体摆至最高点。（3）后摆和前摆至极点时，要有转腕或扣腕动作，下摆时，拉开肩角，身体远伸，远离握点。

【教学规格】前后摆身体接近杠水平面。

【教学方法】（1）先做小幅度摆动，逐渐加大摆动幅度。（2）带保护带大幅度摆动练习。（3）保护帮助时，保护者站于杠下侧方，后摆时托腹部，前摆时托背部，并注意其转腕、扣腕是否正确。

【教学提示】此动作关键技术是摆过垂直部位后的踢（甩）腿动作，在摆动过程中要充分利用摆动动能，才能达到较大的摆动幅度，同时要注意前后摆动中的扣腕、转腕动作，以防止脱手跌落。

（十八）悬垂摆动后摆下（图3-42）

【动作做法】由悬垂后摆开始，当后摆接近垂直面时，沉肩，稍屈髋，过垂直面后，两腿用力向后上方甩起。当后摆接近极点时，制动腿，接着直臂压杠抬上体。推杠后，空中保持挺身，缓冲落下。

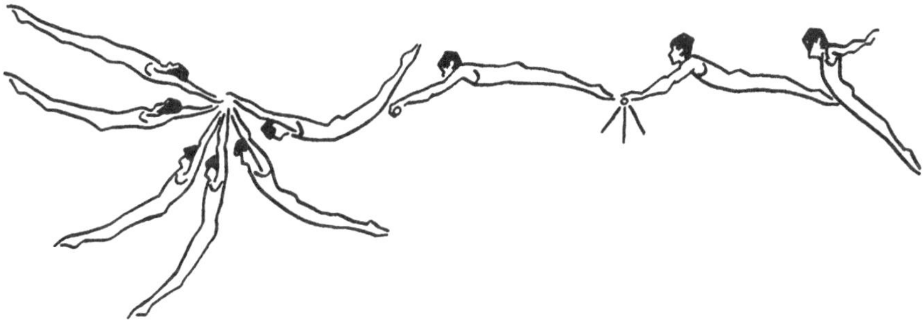

图3-42

【技术要点】（1）后摆接近垂直面时，沉肩，稍屈髋，过垂直面后，两腿用力向后上方甩起。（2）后摆接近极点时，制动腿，接着直臂压杠抬上体。推杠后，保持挺身。

【教学规格】后摆高度接近杠水平面，直臂压杠，空中动作伸展。

【教学方法】（1）低杠后摆下。（2）悬垂小幅度摆动后摆下。（3）保护帮助下悬垂起摆接后摆下。保护者站于杠后侧方，后摆时托腹，助其上摆，落地时，扶腹背部。

【教学提示】悬垂摆动是学习此动作的基础动作，其关键动作技术是后摆接近极点时，制动腿接着压杠抬上体的技术。教学时应重点以小摆动接后摆下体会技术要点，同时要注意预防后摆脱手的安全措施。保护帮助时，时刻注意两手的握杠状态。

（十九）支撑后倒弧形下（图3-43）

【动作做法】由支撑开始，梗头倒肩，同时收腹举腿，腿沿杠下移使大腿中部靠近杠面，成屈体姿势前摆。当肩部前摆过杠下垂直面后，迅速向前上方伸腿送髋。同时直臂用力向后带杠，拉开肩角并推离杠，两腿前伸下压制动，振胸挺身，缓冲落下。

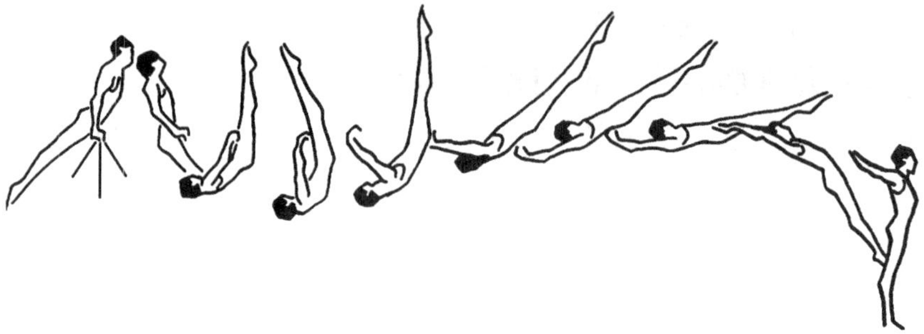

图3-43

【技术要点】（1）支撑后倒时，先倒体后收腹举腿。（2）两腿沿杠向前上方伸出送髋。同时直臂用力向后带杠，动作充分。

【教学规格】动作伸展，重心高于杠水平。

【教学方法】（1）低杠跳起后倒弧形下。（2）支撑后倒弧形摆。（3）越过杠前限制物做弧形下（可先由跳起后倒再过渡到支撑后倒开始做）。（4）保护帮助时，帮助者站于杠前侧方，一手托肩，另一手托臀，助其向前上方抛出，落地时扶其腹背部。或一手握其腕部，另一手托背部。

【教学提示】支撑后倒弧形下一定要强调直臂完成，屈臂拉杠会造成头部碰伤。可仰卧手持体操棍做直臂带杠模仿练习。教学中要循序渐进。

三、双杠

（一）分腿坐前进（图3-44）

【动作做法】由分腿坐撑开始，用力推手，身体经挺身骑杠姿势前移，两手经侧举至体前稍远处撑杠，同时两腿用力压杠顺势后摆并腿进杠。前摆过杠面，迅速分腿成分腿坐。

【技术要点】（1）两手换握时，应在体前稍远处撑杠。（2）撑杠摆腿同步进

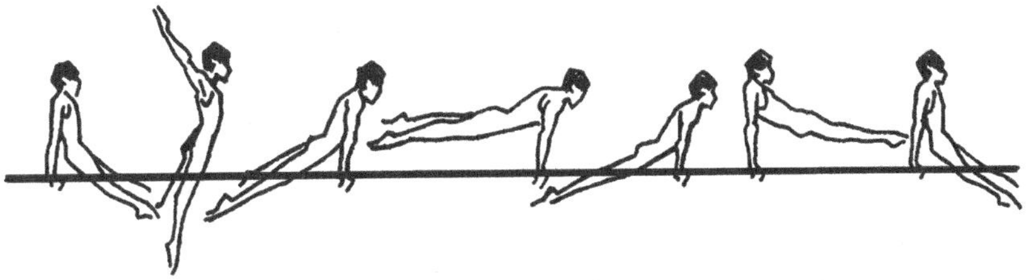

图 3－44

行。（3）后摆并腿进杠时，两腿要伸直压杠。

【教学规格】臂腿伸直，动作连贯，落杠轻。

【教学方法】帮助下直接练习。帮助者靠杠站于练习者前侧方，一手握上臂，另一手托送膝部，帮助后摆。前摆时，托膝手换托背部。

【教学提示】此动作较易掌握，提高动作质量主要注意改进后摆。技术的关键在于上体前移撑杠必须要与腿的后摆同步进行，特别是在撑杠的同时，腿必须主动用力顺势后摆。

（二）外侧坐前摆越两杠下（图 3－45）

【动作做法】（以左侧下为例）由右外侧坐撑开始，上体稍后移，两臂用力撑杠，两腿向左侧上摆起并拢，重心左移。上摆接近极点时，顶肩、推手、展髋，右手换握左杠，左臂侧举，越两杠跳下成外侧立。

图 3－45

【技术要点】（1）快速用力弹杠，向侧上摆腿，举腿翻臀。（2）主动推手侧移重心越两杠，及时换握杠。

【教学规格】前摆时臀部高于肘，脚高于头；经直角，充分挺身落地。

【教学方法】（1）外侧坐，腿上摆、还原成外侧坐。（2）外侧坐摆起越两杠成另一杠外侧坐。（3）保护帮助下完整练习。帮助者站于落地一侧，一手握上臂，一手托送臀部，助其越杠。

【教学提示】（1）练习时要充分利用杠的弹力，在杠中部练习为好，摆腿动作要快速有力。（2）为了高举腿而过分倒肩是不可取的，重点强调弹腿摆动。（3）推手移肩换握要及时。否则，会造成擦杠或坐杠。

（三）分腿坐侧滚动转体180度成分腿坐（滚杠）（图3－46）

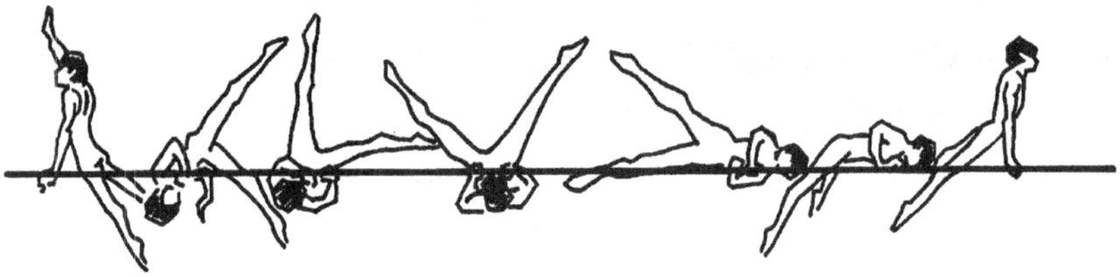

图3－46

【动作做法】（以向左滚动为例）由分腿坐撑开始，左手体前稍远处握杠，右手在左手后，臂外旋翻握杠。上体左前倒，头和右肩位于左手前杠下。左腿上举，向左翻转，屈臂引杠，以腰骶触杠，向左滚动同时转体180度，经分腿俯撑，左手换握杠推起成分腿坐。

【技术要点】（1）按动作做法正确握杠。（2）屈臂引杠滚动，滚动时以腰骶触杠。（3）左腿打开后，伴随滚动右腿主动前举越两杠。

【教学规格】动作连贯，滚动圆滑，方向正，两腿有一定开度。

【教学方法】（1）练习正确的握杠方法。（2）帮助下做慢动作。帮助者站于右侧方，左手抓右腿，右手抓左腿，控制平稳，助其翻转。或站于左侧方，两手托肩（或一手托右肩，另一手托左腿），防止下漏和助其翻转。

【教学提示】该动作比较容易掌握，教学中开始应多用慢动作体会动作过程。重点是握杠方法和滚动时身体触杠部位，特别要防止因触杠部位不正确造成腰部受伤。

（四）支撑摆动（图3－47）

【动作做法】直臂支撑，以肩为轴前后摆动。前摆时，直体自然下摆，摆过杠下垂直部位后，向前上方摆起，顺势顶肩含胸，拉开肩角。回摆时，脚尖远伸，身体自然下摆，摆过杠下垂直部位后，用力向后上方摆腿，含胸、紧腰，直臂顶肩，逐渐拉开肩角。

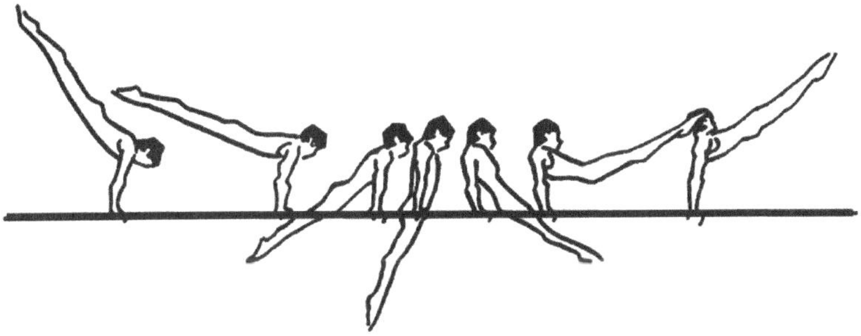

图3－47

【技术要点】（1）直臂顶肩、紧腰，以肩为轴摆动。（2）尽量减少肩的移动。（3）整个摆动过程中，下摆属自然摆动，过垂直部位后加速摆腿。

【教学规格】前摆臀高于肘，后摆达肩水平45度以上。

【教学方法】（1）支撑姿势练习及发展肩臂力量的练习。（2）逐步加大摆动幅度的练习。（3）保护帮助下练习。帮助者站于杠侧方，一手握上臂，另一手前摆时托背部，后摆时托腿部。

【教学提示】（1）学习此动作必须具备一定的支撑力量素质。所以素质较差者在学习前和学习中应注意安排一些发展肩臂力量的练习。（2）初学者最易犯的错误是：①肩前、后移动过多（前冲后倒）；②打不开肩角，前摆夹肩屈髋举腿，后摆挺胸塌腰；③加速摆动发力过早。开始学习时多做小幅度摆动练习，体会正确的摆动技术。另外，可采用将脚置于高位的仰撑或俯撑姿势，体会前、后摆结束时的支撑感觉。

（五）支撑前摆下（图3－48）

图3－48

【动作做法】（以左侧下为例）由支撑摆动开始，前摆过垂直部位后，迅速向前上方摆腿，重心顺势左移。前摆接近极点时，腿立即制动下压展髋，两手用力推杠，右手换握左杠，挺身落下成外侧立。

【技术要点】（1）前摆过垂直面后，迅速向前上方摆腿。（2）前摆至极点时，制动腿下压展髋。

【教学规格】前摆臀部高于肘，充分挺身，落地正。

【教学方法】（1）在低杠做跳起前摆下。（2）小幅摆动练习前摆下。（3）保护帮助下练习。帮助者站于下法一侧，一手握上臂，另一手托送背或臀，帮助出杠。（4）运用标志物提示动作高度和展体方向。

【教学提示】（1）此动作的基础是支撑摆动，因此学前必须基本掌握好支撑摆动动作，并边学边改进支撑摆动技术。（2）动作的难点是充分挺身，这也是衡量动作质量的主要标志，充分挺身除以平稳的支撑摆动为基础外，前摆的同时举腿翻臀是挺身的前提。

（六）支撑后摆转体180度成分腿坐（图3－49）

【动作做法】（以向右转为例）由支撑摆动开始，当腿后摆过杠面后，含胸顶肩，以脚尖带动髋部向右转体180度，两手依次推离换握杠，同时分腿成体后握杠的分腿坐。

【技术要点】（1）小幅度摆动，后摆过杠面，以脚带动髋部转体。（2）转体后控制两腿轻轻落杠。

【教学规格】后摆高度平肘，动作连贯，转体正，落杠轻。

图 3-49

【教学方法】(1) 垫上俯撑开始，蹬地后摆转体 180 度成分腿坐。(2) 杠上完整练习，帮助者站于练习者的右侧，两手搓髋，帮助转体。

【教学提示】(1) 学习此动作最易出现的错误是：①碰杠，主要原因是后摆不够、屈髋转体和转体过早。②砸杠，原因是后摆过高，无控制下落。③方向偏斜。原因是屈髋后坐转体。教学中多采用“教法 1”体会动作要领。也可在杠面缠裹海绵，克服恐惧心理。(2) 此动作换握的方法有两种：一种是转体后换握，换握方法是先右手换握左杠，再左手换握右杠，此方法适合于初学者；第二种是边换握边转体，方法是先左手换握右杠，再右手换握左杠。

图 3-50

(七) 分腿坐，单腿杠中后摆转体 180 度成分腿坐 (图 3-50)

【动作做法】(以向右转为例) 由分腿坐撑开始，右腿前举，左臂前举。右腿杠中后摆顺势向右转体，左手握右杠，上体稍前移以左大腿下部撑杠。当右腿摆过杠下垂直部位后加速侧上摆，摆过杠面后，推离右手，重心左移，身体继续右转，同时左腿弹起从右腿下摆越两杠成两手休后握杠的分腿坐。

【技术要点】 (1) 右腿摆动要充分，转体经俯撑时，要加速腿的摆动。(2) 右腿摆动、左腿的摆越、两手的换握杠及转体动作要连贯，配合要协调。

【教学规格】后摆腿高于肩，分腿有开度，方向正，落杠轻。

【教学方法】（1）慢动作体会动作过程。（2）从左腿撑一杠、双手正握另一杠的俯撑开始，右腿杠中侧摆2~3次做后半部动作。（3）保护帮助下完整练习。帮助者站于练习者右侧方，当转成正撑时，一手握左上臂，一手从杠下托臂或背部，助其摆越。

【教学提示】（1）摆腿转体不充分、摆越腿过早越杠是常犯的技术错误。学习中可通过反复慢动作（分解或完整动作）逐步掌握。（2）动作前半部转体时的肩前移是不可忽视的技术细节，它有利于形成以一大腿下部撑杠的合理姿势，为后半部动作创造有利的条件。

（八）支撑后摆下（图3-51）

【动作做法】（以左侧下为例）由支撑摆动开始，后摆过垂直部位后，两腿顺势向上方加速运动，同时顶肩、拉开肩角。当后摆接近极点时，身体向左平移，右手推离杠于左手前握杠，左手推离摆至侧上举，保持挺身姿势落下成外侧立。

图3-51

【技术要点】（1）后摆时含胸、直臂顶肩。（2）当后摆接近极点时，平移重心，及时推手换握杠。

【教学规格】身体后摆高于肩水平。

【教学方法】（1）支撑摆动练习。（2）杠端面向内支撑，做小幅度后摆下。可在下法一侧杠端拉一与杠成一水平直线的橡皮筋进行练习。（3）保护帮助下杠中练习。帮助者站于下法的异侧方，一手推肩，另一手托送髋或腿部，帮助出杠。或站于下法的同侧方，一手握上臂，一手托拨腹部，帮助出杠。

【教学提示】（1）一般说，支撑摆动得好，就能较好地完成动作。因此，学前必须较好地掌握支撑摆动动作。（2）“怕打杠”往往是初学者的心理障碍。因此，在学习开始阶段，加强帮助，建立安全感，消除害怕心理是十分必要的。“教法 2”能帮助练习者克服害怕心理。

（九）分腿坐慢起肩倒立（图 3 －52）

【动作做法】由分腿坐撑开始，两手靠近大腿握杠，上体前倒，屈臂提臀，两肩在手前 20 ~ 30 厘米处顶杠。两腕外转，两肘外展，稍抬头。当臀部提至肩上方（或稍前）时，两腿经侧匀速上举并拢，举腿同时，臀部稍回移，展髋、紧腰成肩倒立。

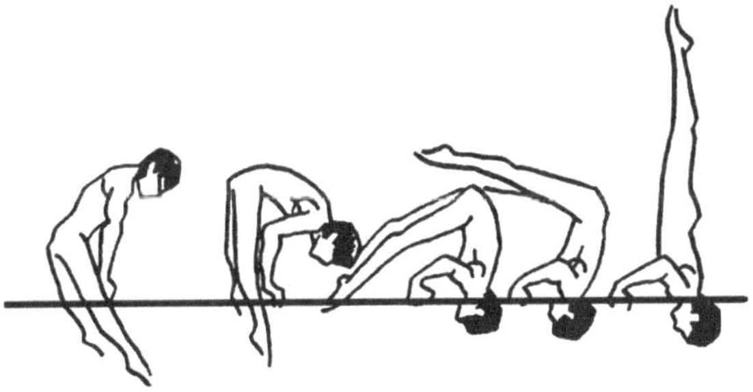

图 3 －52

【技术要点】（1）两手靠近大腿内侧握杠，上体前倒时要屈体、含胸、提臀。（2）肩与手的距离 20 ~ 30 厘米，两肘外展。（3）两腿经侧匀速上举并拢。

【教学规格】直腿经两侧匀速慢起，倒立直，稳定。

【教学方法】（1）在低双杠（高 30 ~ 40 厘米）或两凳之间（可靠墙），帮助下或蹬地做分腿慢起肩倒立。帮助者站于杠内前方扶腰两侧。（2）杠上前方放一垫子，帮助下或蹬杠做肩倒立。（3）保护帮助下完整练习。帮助者站于练习者前侧方一手杠下托肩，另一手托膝，帮助提臀。伸髋后，一手抵背，另一手扶腹部或大腿。若倒立失去平衡前翻，两手在杠下托臀背部。

【教学提示】掌握此动作，主要解决两个问题：一是“提得起”；二是“立得稳”。臀部能否提得起，主要是身体素质问题。倒立能否立得稳主要是适应问题。学习中应从“立得稳”着手，逐步提高身体素质。“教法 1”是一个有效的练习手段，练习时可蹬地做，逐步减小蹬力。“立得稳”的另一个重要问题是要有一个牢固的支撑面，为此，要适当增大肩、手的距离，提高肩倒立稳定性。

（十）分腿坐前滚翻成分腿坐（图3－53）

图3－53

【动作做法】由分腿坐撑开始，两手靠近大腿握杠，低头含胸，上体前倒，同时屈臂顶杠、收腹提臀，两肩在手前撑杠。臀部前翻过肩上方时，两手迅速向前换握杠。两腿大分下压，同时两臂压杠，跟上体成分腿坐。

【技术要点】（1）两手靠近大腿握杠，屈臂顶杠提臀，低头、含胸、屈体要充分。（2）臀部前翻过肩上方时，两手迅速向前换握杠。（3）及时伸髋、分腿、压杠跟上体。

【教学规格】连贯、圆滑，有并腿过程，不漏臀。

【教学方法】（1）垫上前滚翻成分腿坐。（2）低双杠上放一垫子，做前滚翻成垫上分腿坐（开始时可蹬杠做）。（3）保护帮助下完整练习。帮助者站于杠侧方，一手杠下托肩，另一手托膝，帮助提臀，当练习者前滚时，两手迅速换至杠下托背和臀部。

【教学提示】（1）前滚翻的难点是倒体、提臀前翻。最易出现的错误是抬头、挺胸、伸髋。可在垫上做分腿俯撑开始，不借助蹬力的分腿前滚翻，体会低头、含胸、推手、屈体、提臀的动作要领。练习时首先要建立翻转概念。主要通过“教法1、2”来实现。（2）换握时机的掌握是一个难点，换手早易造成身体回落，换手晚会造成漏臀。“教法2”仍是主要的练习手段。（3）动作最后阶段的大分腿也是保证动作圆滑，提高动作质量的重要技术。

（十一）支撑后摆成肩倒立（图3－54）

【动作做法】由支撑摆动开始，当后摆至肩高时，两臂控制缓缓弯曲，同时肩部稍向前移。当肩部触杠时，两肘外分，手腕外转，身体伸直成肩倒立。

【技术要点】（1）两臂要有控制地缓缓弯曲。（2）肩在握点前20～30厘米处撑杠，两肘外分，手腕外转。（3）全过程保持紧腰，身体伸直。

【教学规格】一次到位，倒立直、稳定。

图3－54

【教学方法】保护帮助下直接练习。帮助者站于杠侧保护凳或保护台上，两手扶髋或腿；或站于杠下一侧，一手杠下托肩，一手扶腿部。成肩倒立时，两手扶腿。若倒立前翻时，两手杠下托臀、背。

【教学提示】（1）学习前必须较好地掌握慢起肩倒立动作。（2）技术的关键有两点：一是屈臂时机，二是紧腰，保持身体伸直。可通过高位置帮助练习逐步掌握。开始学习时，屈臂时机可稍提前（腿后摆刚过杠面时开始），以减轻两臂的负担。（3）保护帮助应防止前翻为主。提醒练习者在因动作失误而回落时，尽量避免分腿骑杠或向两侧跳下。

（十二）支撑前摆向内转体180度下（图3－55）

【动作做法】（以右侧下为例）由支撑摆动开始，前摆过垂直部位后，向右上方兜腿，微屈髋，重心顺势右移。当前摆接近最高点时，右手推离杠，左臂顶肩，拉开肩角，同时伸腿、展髋，配合摆臂，带动身体向左转动。转体的顺序是：脚尖、髋、肩、头，接着左手推离，右手回撑，保持挺身落下成右侧立。

图3－55

【技术要点】（1）前摆过垂直部位后，向右上方兜腿，重心顺势右移。（2）当前摆接近极点时，右、左手依次顶肩推离杠，以脚带动身体向左转动。

【教学规格】转体时高度超过肩水平，充分挺身落下。

【教学方法】（1）低杠小幅度摆动做“前摆内转90度”下。（2）脚置于高位（或帮助者托起）的仰撑，推手顶肩转体180度成俯撑。（3）低杠小幅度摆动做完整动作，逐步加大摆动。保护者站于落点侧方，扶腹背部，助其站稳。（4）高杠保护帮助下完整练习。

【教学提示】（1）首先要建立转体的概念。采用小幅摆动练习，熟练地掌握好转体方向和初步掌握转体的方法。（2）提高动作质量主要抓两点：一是“推转体时机”；二是两手明显地依次推离杠与转体动作的协调配合，后者是难点。“教法2”是一个较好的手段，要反复练习。转体时，身体应尽量伸直，减小转动惯量，以利于转体。

（十三）挂臂摆动（图3－56）

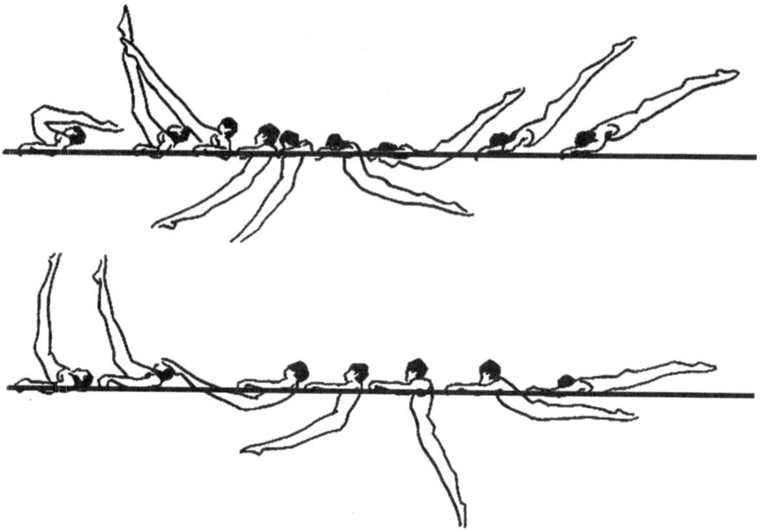

图3－56

【动作做法】后摆：屈体挂臂撑开始，两腿和臀部向前上方弧形送出，伸展髋关节，同时顺势屈臂向前引肩靠近握点。当身体下摆接近垂直部位时，留腿稍屈髋，摆过垂直部位后，猛力向后上方甩腿，同时两臂用力压杠，使肩部稍腾起。前摆：肩部稍后撤、微收腹、脚尖远伸下落前摆。当前摆接近垂直部位时，留腿，摆过垂直部位后，向前上方踢腿。当腿摆出杠面时，立即前伸急速制动腿，同时两臂用力压杠，使肩部稍腾起。

【技术要点】（1）后摆：伸腿展髋，顺势屈臂向前引肩靠近握点。下摆接近垂直部位时，留腿、稍屈髋。摆过垂直部位后，猛力向后上方甩腿。（2）前摆：脚尖远伸下落前摆。前摆接近垂直部位时，留腿。摆过垂直部位后，向前上方踢腿。

【教学规格】前后摆动身体均要高于杠面。

【教学方法】（1）分解练习：分别练习后摆动作和前摆动作。（2）摆动幅度由小到大。帮助者站于杠侧方，开始时，一手托臀，一手推肩，助其送腿移肩。后摆时，顺势托其腹、腿，以助肩部腾起。

【教学提示】（1）此动作是挂臂类动作的基础，技术应抓细。（2）开始练习时，两臂负担较重，有痛感，故练习持续时间不应过长，宜分散安排。

（十四）挂臂屈伸上（图3－57）

【动作做法】由挂臂摆动开始，当身体摆过杠下垂直部位后，向前上方摆腿，同时两臂用力压杠，臀部高于杠面，收腹经屈体挂臂，紧接着向前上方伸腿展髋，立即制动腿，同时两臂用力压杠，急振上体、跟肩成支撑。

图3－57

【技术要点】（1）收腹屈体后，要利用屈体和杠的反弹紧接着快速伸腿展髋。（2）伸腿展髋后要立即制动腿，同时两臂用力压杠，上体急振。

【教学规格】成支撑时，直臂，臀部不低于肘。

【教学方法】　（1）在垫上做模仿动作。体会伸腿速度、方向和制动腿。（2）挂臂屈伸上成分腿坐。（3）帮助下完整练习。帮助者站于杠侧方，一手托背，一手压（屈体时）、托（展髋时）大腿后部。或一手握上臂，一手推背部。

【教学提示】（1）动作技术的关键在于掌握正确的伸腿展髋方法，这也是动作的难点。伸腿展髋必须做到“快而短”，即既要快速，又要短促。为此，必须及时制动，这就是关键，腿的制动能导致上体的向上加速，有利于动作的完成。学习初可采用“教法1、2”，反复练习体会。（2）伸腿展髋方法不对，往往导致前倒甚至掉下，造成伤害事故，必须倍加注意，加强保护帮助。初步掌握后，重点仍然是防止前栽，要掌握好脱保时机。

（十五）前摆上（图3－58）

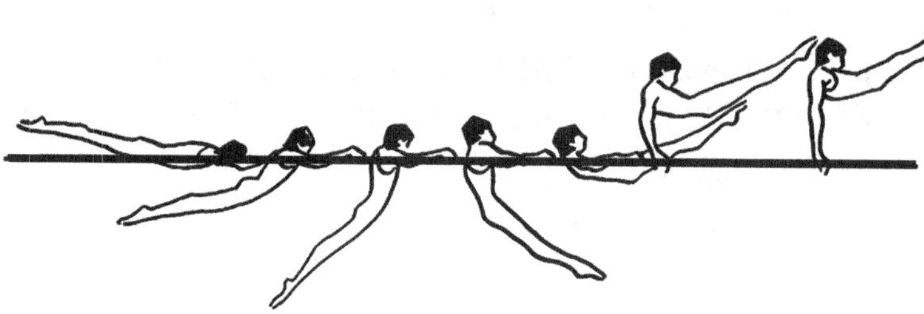

图3－58

【动作做法】由挂臂摆动开始，当下摆接近垂直部位时，稍留腿、沉肩，摆过垂直部位后，两腿主动加速向前上摆。当腿摆出杠面时，立即急速制动并前伸，同时两臂用力压杠、梗头、上体急振上成支撑。

【技术要点】（1）下摆接近垂直部位时，留腿，稍沉肩；（2）摆过杠下垂面后，加速向前上方踢腿；（3）前摆接近杠面时，及时制动腿、压杠、急振上体。

【教学规格】成支撑时臀部高于肘。

【教学方法】（1）分腿仰卧杠上（或在握点前双杠上放置垫子，并腿仰卧），压杠、急振上体成分腿坐（或并腿坐）。（2）挂臂摆动。重点在前摆，体会制动腿、压杠、急振上体，肩离杠，但不上成支撑。（3）挂臂前摆上成分腿坐，要求尽量晚分腿。（4）保护帮助下完整练习。帮助者站于杠侧方，一手托背，另一手托大腿或臀部。

【教学提示】（1）挂臂摆动是基础，必须提前安排学习。（2）踢腿后的及时制动是技术的关键，也是难点。重点练习“教法2”。（3）杠下肩的动作是先沉后压，有控制地稍微沉肩，掌握好动作节奏，沉后随即转为压。

（十六）后摆上（图3－59）

【动作做法】由挂臂摆动开始，前摆收腹举腿经屈体挂臂后两腿向前上方远伸，展髋送臀，同时顺势屈臂向前引肩靠近握点。当身体下摆接近杠下垂直部位时，屈髋留腿，稍沉肩。当身体摆过垂直部位后，加速向后上方甩腿。两腿摆过杠面后，同时紧腰。两臂用力压杠，同时肩部稍前移，含胸、紧腰，随着身体继续上摆推直两臂成支撑。

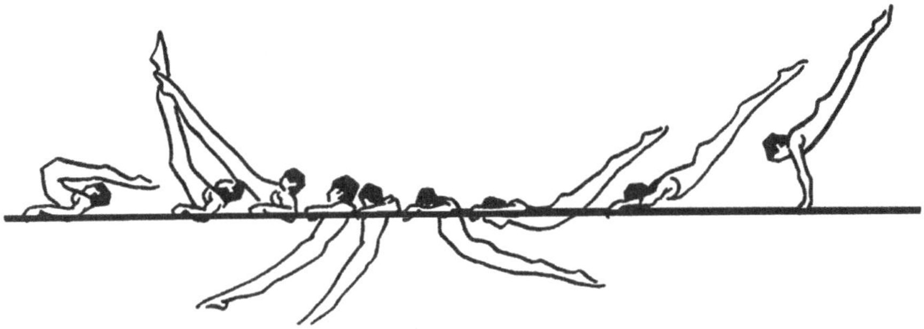

图 3－59

【技术要点】（1）弧形出浪、引肩要充分。（2）杠下的“鞭打”动作要充分、有力、准确。（3）后摆与压杠要协调配合。

【教学规格】成支撑时身体不低于肩水平。

【教学方法】（1）挂臂摆动。重点体会弧形前摆引肩技术。（2）反复练习挂臂后摆压肩（肩离杠，但不成支撑）。（3）在斜双杠上（前低后高）做后摆上。（4）保护帮助下完整练习。帮助者站于杠侧方，弧形前摆时，一手托臀，一手推肩，助其移肩远送；后摆时，顺势托送其腹、腿，助其上成支撑。

【教学提示】（1）挂臂撑摆动是基础，必须提前安排学习。（2）关键技术有两点：一是前摆的移肩技术，它为后摆上时缩短摆动半径创造了有利的条件，移肩主要由伸腿送臀动作带动。二是后摆的甩腿技术，掌握甩腿时机是难点，而甩腿前的屈髋留腿动作则是适时甩腿和使甩腿发挥较大效果的重要保证。（3）甩腿与压臂同步以及紧腰动作是提高动作质量的重要环节。只有“同步”“紧腰”才能发挥力的最大效应。（4）挂臂后摆上要求力量素质相对较高，所以在学习动作前和学习过程中应经常安排增强肩带、臂和腹背的力量练习。

（十七）杠端跳起经屈体悬垂摆动屈伸上（杠端短振屈伸上）（图 3－60）

【动作做法】由杠端前侧立两手内握站立开始，直臂压杠向上方跳起，下落时迅速含胸、倒肩、收腹举腿成屈体悬垂前摆。当肩前摆过垂直部位后，臀部向前上方送出，拉开肩角，接近极点时，顺势伸腿稍展髋。随着身体回摆，充分屈体，当肩摆过垂直部位后，立即用力沿握点向前上方伸腿送髋，同时直臂压杠、制动腿、急振上体成支撑。

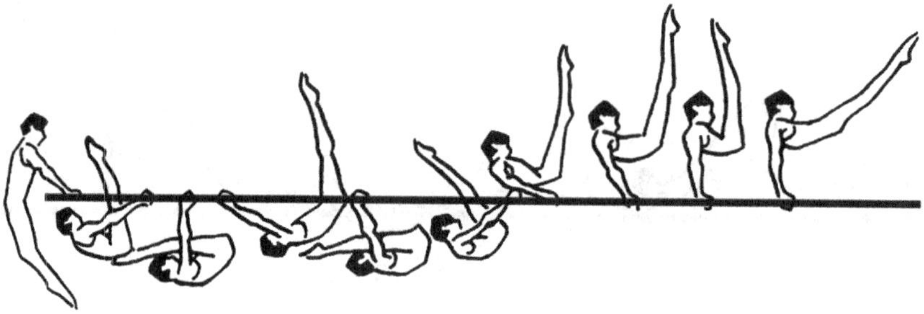

图 3－60

【技术要点】(1) 前、后摆经过杠下垂直部位时要充分屈体。(2) 把握动作节奏，后摆过杠下垂面后伸腿展髋、压杠。(3) 伸腿送髋、直臂压杠、制动腿、急振上体动作配合协调。

【教学规格】成支撑时，臀部高于杠面。

【教学方法】(1) 静止屈体悬垂练习，体会空间感觉。(2) 跳起成屈体悬垂摆动。(3) 按节奏指示帮助下练习。帮助者站于杠端一侧，一手托背，一手托臀，并适当给予语言信号，指示节奏。

【教学提示】(1) 此动作要求有较好的腰腹和肩带力量，应加强对腰腹和肩带的力量练习。(2) 良好的跳起成屈体悬垂摆动作是完成动作的前提，也是难点技术之一。主要通过“教法 2”反复练习，逐步掌握，要给予足够的练习时间，不能走过场。跳起的关键是下落前有后移的感觉。这种使重心远离转轴的技术，加大了下摆的力距，增大了摆幅。前摆的送髋动作，要力求顺其自然，开始时不易掌握，随着学习的深入逐步提高要求。(3) 回摆中的伸腿展髋时机是技术的关键，也是动作的主要难点。一般早伸为多。所以练习中应以防早为主。主要通过“教法 3”，利用语言信号，加强节奏指示，使练习者在鲜明的节奏中完成动作，逐步掌握伸腿时机。

（十八）挺身后滚翻（图3-61）

【动作做法】由挂臂摆动开始，摆动中的后摆，身体应高出杠面。当身体前摆过杠下垂直部位时，用力向前上方兜腿，稍含胸屈髋，两臂用力压杠，以腿带臀向垂直线上方摆起，眼看脚。当臀部接近垂直部位时，立即向上伸髋、抬头，两臂最后用力，放手后侧伸压杠挺身后滚，接着两手前伸握杠接挂臂前摆。

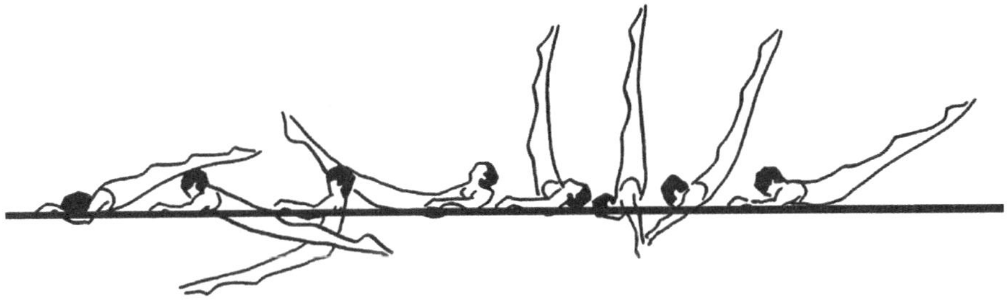

图3-61

【技术要点】(1) 身体上摆过程中，两臂始终用力压杠，直至放手侧伸，放手晚，握杠早。(2) 摆幅要大，充分利用摆动速度，举腿立腰，少屈髋。(3) 掌握伸腿方向，积极向上伸髋。

【教学规格】身体充分伸展。

【教学方法】(1) 前半部练习（可加帮助）。摆至肩臂倒立。帮助者可在杠下顶背，也可在高位提拉腿部。(2) 低杠上由肩倒立开始，在帮助下做后半部练习。帮助者站于杠侧托腿，或在杠上放置海绵垫，落下成俯卧。(3) 双杠上放置垫子做挺身后滚翻俯卧于垫上。开始时在保护帮助下练习，保护者站于杠侧方，顶腰背部，助其上摆。若动作失误前翻时，接住背腿缓冲落下。(4) 保护帮助下完整练习。帮助者站于保护桌上，扶腿缓冲落下。

【教学提示】(1) 害怕打杠是学习中的主要心理障碍，因此，应延长帮助下练习的学习过程。(2) 动作的前半部是完成动作的前提，必须做到伸腿方向是正上方。伸腿时，脚尽量不过垂直面，身体基本伸直，眼看脚。动作的前半部务必反复练习，狠扣质量。(3) 技术的难点是对挺身、换握时机的掌握。因此，翻转的正确时空感觉的建立，需要更长的过程，而心理障碍又加大了学习的难度。所以，学习中需要循序渐进，给予足够的练习时间，安排相对长一些的学习过程。

四、跳 跃

（一）弹板练习

弹板是一种辅助器械。当踩压前端时，可借助面板或弹簧恢复变形的弹力将人体弹起，故称弹板。练习者利用弹板做踏跳，能获得理想的腾空高度，对建立时间和空间感觉，提高空间定向及平衡控制能力具有良好的效果，因而是训练空翻类动作的一种有效的辅助器械。

因弹板与助跳板在形状、性能特点上有些不同。所以，上板踏跳技术也应有所区别。弹板比助跳板高，弹性变形量大，上板时，重心腾起高度相对高些，触板时两膝弯曲相对大些。起跳时，用力不宜过猛，蹬离不能太快，缓冲时间相对较长，要充分利用弹板的反弹力使身体腾起。由于跳板获得的空间高度较高，落地时，前脚掌先着地，过渡到全脚掌，并屈膝缓冲成半蹲姿势落地，两臂张开。起到延长作用力的时间，减小冲力；降低重心，增大稳定角的作用，达到稳定落地的目的。

保护帮助时，保护帮助者一般站于落地点一侧，两手扶其腹背或握其手臂上提，以防跌倒，助其站稳。

图 3－62

1. 挺身跳（图 3－62）

【动作做法】跳起后，空中微挺胸、立腰、梗头、尽量保持挺身姿势，缓冲落地。

【教学规格】腾空高，空中伸展。

【教学提示】先原地练习，后由高处向低处跳下练习，再上跳板练习。

图 3－63

2．分腿挺身跳（图 3－63）

【动作做法】基本同挺身跳，但腾空中两腿侧分开。

【教学规格】腾空高，经分腿展体。

【教学提示】同挺身跳。

3．屈腿跳（图 3－64）

图 3－64

【动作做法】当身体腾起接近最高点时，屈膝上提团身，同时两手迅速抱小腿，接着臂上摆，腿下伸迅速挺身，缓冲落地。

【教学规格】腾空高，团身紧，落地前明显展体。

【教学提示】同挺身跳。

4. 分腿屈体跳（图 3 –65）

图 3 –65

【动作做法】当身体腾起接近最高点时，迅速收腹举腿，两腿外分，同时上体前倾，两手主动击足背，接着两腿下压，臂上摆，并腿挺身，缓冲落地。

【教学规格】腾空高，分腿屈体击足，落地前明显伸展。

【教学提示】同挺身跳。动作熟练后，练习屈体（并腿）跳。

5. 跳转 180 度或 360 度（图 3 –66）

图 3 –66

【动作做法】人体腾起后，紧腰，保持直体。当身体腾起接近最高点时，头部向转体一侧梗，同侧臂上举，另一臂伸向转体一侧腋下，以头、肩、臂带动身体沿身体纵轴转体 180 度或 360 度。转体即将完成时，展开双臂，缓冲落地。

【教学规格】腾空高，转体动作体直、方向正。

【教学提示】同挺身跳。起跳方向应垂直向上。转体时尽量保持身体紧腰、伸直，两臂内收，靠近转轴，以减小转动惯量，快速完成转体动作。

（二）跳上经蹲撑挺身跳下（图3－67）

【动作做法】直立，3～5步助跑，上板踏跳。两臂前伸撑器械，同时稍提臀，收腹屈腿提膝经蹲撑向前挺身跳下。

图3－67

【技术要点】（1）两臂前伸撑器械，提臀、屈腿提膝。（2）经蹲撑向前上方跳起，空中保持挺身。（3）落地时由前脚掌过渡到全脚掌，顺势稍屈膝缓冲成半蹲。

【教学规格】经蹲撑过程，空中充分挺身，缓冲落地，站立平稳。

【教学方法】（1）立俯撑接挺身跳。（2）横鞍马上练习。（3）成蹲撑稍停再跳下。（4）保护帮助下练习。开始时帮助者站于前侧方，扶肩臂；跳下时站于落点侧方，扶腹背。

（三）跳上经分腿立撑挺身跳下（图3－68）

【动作做法】直立，3～5步助跑，上板踏跳。两臂前伸撑器械，同时含胸提臀屈体分腿经分腿立撑向前挺身跳下。

【技术要点】（1）两臂前伸撑器械，提臀屈体分腿。（2）经屈体立撑向前上方跳起，空中保持挺身。（3）落地时由前脚掌过渡到全脚掌，顺势稍屈膝缓冲成半蹲。

图 3－68

【教学规格】有分腿立撑过程，空中充分挺身。

【教学方法】（1）垫上俯撑，蹬地成分腿屈体立撑，挺身跳。（2）横鞍马上练习。（3）跳上成分腿屈体立撑稍停再跳下。（4）保护帮助下练习。开始时帮助者站于前侧方，扶肩臂；跳下时站于落点侧方，扶腹背。

（四）跳上成跪撑，跪跳下（图 3－69）

图 3－69

【动作做法】直立，3～5 步助跑，上板踏跳。两臂前伸撑器械，同时含胸提臀屈膝成跪撑。两臂经后引加速向前上方摆起带动展髋伸膝抬上体，同时小腿猛力下压，蹬离器械。空中小腿后引，经跪姿展髋，伸腿落地。

【技术要点】(1) 两臂迅速前伸撑器械，含胸、屈膝收腿跪撑器械。(2) 两臂、展髋、伸膝、压小腿腾起。(3) 空中小腿后引，经跪姿展髋。

【教学规格】空中经跪姿展髋，落地平稳。

【教学方法】(1) 垫上俯撑，蹬地成跪撑。(2) 垫上做跪跳起。(3) 保护帮助下练习。保护者站于前方，提拉手臂。也可站在落点侧方，扶腹背，防止跌倒。

(五) 纵箱前滚翻 (图3-70)

【动作做法】直立，助跑，上板踏跳，两臂前摆撑跳箱近端两侧箱沿，同时用力提臀使臀部高于肩部，及时屈臂，顺势低头圆背屈体向前滚翻，前滚至臀部在跳箱远端着箱时，抬上体展髋落地。

图3-70

【技术要点】(1) 两手撑于跳箱近端两侧箱沿。(2) 滚翻技术同技巧鱼跃前滚翻。(3) 臀部在跳箱远端着箱时，借助展髋压箱端伸展。

【教学规格】滚动圆滑、两腿并拢伸直、经伸展落地。

【教学方法】(1) 保护帮助下练习原地由低向高（适当高度的垫子或跳箱）鱼跃前滚翻成并腿坐或向低处直腿起。帮助者站于练习者前侧，两手托送腿。(2) 在“教法1”的基础上增加高度，助跑起跳练习鱼跃前滚翻。(3) 保护帮助下完整练习。保护帮助者站于跳箱近端一侧，待练习者跳起后，一手握上臂，一手托、送腿，帮助提臀前滚，及时向前跟进。两手扶腹背部或提拉手臂，保护落地。

【教学提示】(1) 此动作是将垫上的鱼跃前滚翻搬上跳箱，腾空高，空间滞留时间长，难以维持平衡。教学中一定要循序渐进，器械高度由高到低，距离（助跑和跳板）由近及远，起跳方式由原地过渡到助跑，保护帮助由双人过渡到单人。(2) 教学中重点强调近端支撑，同时要根据练习者身高调整支撑点，否则，易产生腰背砸伤。开始练习完整动作时，双人保护为宜，防止练习者从两边滚落。

（六）斜进直角腾越（图3－71）

【动作做法】（以向左腾越为例）器械右侧直立，助跳板与器械约成30度夹角放置。斜向助跑，右脚上板踏跳。左手撑在器械近端左侧，同时左腿带动髋部迅速向前上方摆起，上体稍后仰留肩。右手在体后撑器械，右腿踏跳后快速并向左腿。经直角仰撑高举腿，左、右手依次推离，身体越过器械，同时两腿向前伸压展髋，挺身落下成右侧立。

图3－71

【技术要点】（1）上体后仰留肩，快速蹬摆，及时并腿。（2）两手依次支撑后再依次推离。（3）两腿下落前积极前伸下压，充分展髋。

【教学规格】经并腿直角高举腿姿势，臀高至肘，脚高于头，落地前有充分挺身。

【教学方法】（1）起跳练习，体会踏、摆、撑的配合。（2）保护帮助下跳起成箱（马）上并腿坐撑，举腿向前直角跳下。帮助者站于器械近端左侧方，左手握上臂，右手托臀部。（3）保护帮助下完整练习。保护帮助方法同上。（4）结合利用限制物和标志物进行练习。

【教学提示】（1）斜进角度约30度，宜小不宜大。过大会造成腾空再撑器械，增大了动作的难度，并容易诱发不敢留肩和屈膝摆腿的错误。（2）关键技术有两点：一是留肩，只有留肩，腿才能摆得高，臀部才能前送，才能更好地挺身。二是摆腿方向必须是前上方，正确的方向，使腿摆得更高。（3）两臂的有力支撑和及时推手是提高动作质量不可忽视的技术因素。左手推离晚是常见的错误，它影响身体的侧移和展髋，及时地推离使动作更高、更舒展。（4）此动作水平速度要求不高，速度不宜太快，故助跑距离不宜太长，一般3～5步即可。

（七）侧腾越（图3－72）

图3－72

【动作做法】（以向左为例）直立，助跑，上板踏跳。两手右侧撑器械，同时屈髋、提臀带动双腿向左侧上摆起。当腿侧摆接近极点时，左手迅速推离侧举，同时抬头、伸腿展髋，经单臂侧撑展体，下落时顶肩推右手，保持挺身落下成后正立。

【技术要点】（1）起跳动作必须侧倒肩、侧提臀和侧摆腿。（2）顶肩、推手展体，经单臂侧撑过程。

【教学规格】脚高于肩，落地前有充分挺身。

【教学方法】（1）起跳撑器械做侧摆腿，侧提臀练习。（2）对高台起跳后成台上侧撑或在垫上由俯撑开始做蹬地提臀侧摆成侧撑。亦可摆至高位成侧撑。（3）保护帮助下完整练习。帮助者站于器械右侧方，身体紧靠器械，一手扶上臂，一手托送髋部右侧。（4）设置标志物或限制物练习。

【教学提示】（1）技术的关键是“三侧”，即侧倒肩、侧摆腿、侧提臀。（2）有力的推手顶肩是侧摆和展体的支点，从上手撑器械到两手推离，始终要推顶。不能冲肩和过分侧倒。（3）展体时，侧摆接近极点时推手展体，推手展体结束时，侧摆至极点，这样动作看起来更加舒展、飘逸。

（八）分腿腾越（图3－73）

【动作做法】直立，快速助跑，积极（两脚赶过肩）上板，踏跳快速有力，充分蹬直踝、膝。同时含胸摆臂，上体稍前倾，向前上方腾起。两臂前伸撑器械，两腿稍后摆，空中紧腰、固髋，两臂向前下方顶肩推手。推手同时，两腿侧分，稍提臀屈髋，立即制动腿，同时上体急振上抬，展髋挺身落地。

图 3 –73

【技术要点】（1）积极摆臂前伸，推手顶肩。（2）推离器械瞬间，两腿制动侧分，同时上体急振上抬。

【教学规格】第一腾空脚高于器械水平面。动作过程腿直，第二腾空明显，充分展体。

【教学方法】（1）面对墙上板起跳。（2）俯撑后摆腿，推手屈体成分腿站立接挺身跳。（3）近板做不后摆的山羊分腿腾越。帮助者在器械前两腿前后开立。两手握上臂，顶肩上提，同时顺势后退。（4）保护帮助下练习稍有后摆的分腿腾越。保护者站于落点侧方，必要时扶腹背，防止跌倒。

【教学提示】（1）起跳是技术的关键。初学者必须加强练习，打下较好的基础。“教法 1”是较好的专门练习方法。助跑逐步加速，上板踏跳要求（最后一步）大、（速度）快、（重心）低、（踏跳）狠。（2）推手是动作难点。练习推手应从近距离（板距和助跑）、慢速度、低后摆开始。初学者技术和能力较差，速度越快，后摆越高，越不利于推手。（3）分腿腾越一般应从跳山羊开始，最后跳纵箱或纵马。

（九）屈腿腾越（图 3 –74）

【动作做法】助跑、上板、踏跳，第一腾空，推手的技术与分腿腾越相同。推手时稍提臀，迅速屈腿、提膝团身，推手后，两腿迅速下伸，同时抬上体，两臂侧上摆，充分挺身落地。

【技术要点】（1）积极摆臂前伸，推手顶肩。（2）推离器械时肩不过支点垂面。（3）推手后，两腿迅速下伸，抬上体，挺身落地。

【教学规格】第一腾空脚高于器械水平面。第二腾空经屈腿团身姿势后有充分展体。

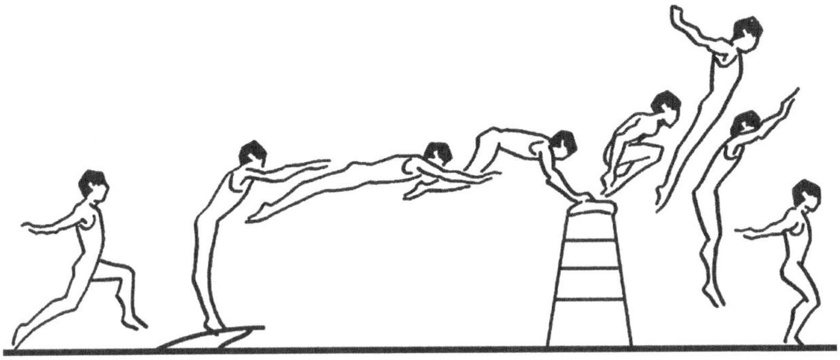

图 3－74

【教学方法】(1) 立卧撑接挺身跳。(2) 技巧垫上"兔跳"练习。即向前跃起远撑推手成蹲立。(3) 纵箱（马或高台）跳上（经推手）成蹲立，向前跳下。(4) 保护下由高处跳下做团身再挺身练习。保护者站于落地点侧方，必要时扶腹背部。(5) 保护帮助下练习。帮助者站于器械侧方，练习者撑手时，一手握其上臂，另一手托腿，助其越过器械。落地时，随其跟进，一手提拉其上臂，另一扶背部（或两手扶腹背部）。

【教学提示】(1) 屈腿腾越常见错误是冲肩和中穿腿，主要原因是推手无力或推手不及时。可通过"教法 1、2"体会推手技术。(2) 学习屈腿腾越从跳横器械入手，在跳纵器械前，应有一个跳高台的过渡练习，体会远撑推手，练习中由于后摆高度掌握不好，容易发生过度翻转或脚绊器械等情况，要加强保护帮助。

（胡建国　李贵庆　王长青　刘玉金）

第四章　体操健身原理与方法

体操健身原理与方法是以健康第一的指导思想和以人为本的教育思想为基本理念，突出体操锻炼的健身、健心等功能，以此发展学生的健康观。因此，体操锻炼应以有利于改进和提高学生的身心健康为前提，结合生活中的身体活动，使体操锻炼中的一些基础动作和手段成为安全锻炼和维护健康的基本方法。

原理，通常是指某一领域、部门或科学中具有普遍意义的基本规律。方法可以理解为实现某一目标而采取的途径、程序。体操健身原理与方法是体操学科的一个重要组成部分。它是从美学、体育学、形态学、社会学、运动生理学、运动生物力学、运动心理学等多角度、多层次，研究体操在健身中的作用和方法，并逐步形成一套与体操运动发展相适应的理论和方法体系。

第一节　体操在健身中的作用

体操内容丰富、形式多样。可根据不同的要求，不同的年龄、性别、条件、训练水平以及不同的器械设备，因人因地制宜，选择不同的项目与动作练习，达到全面、有重点地健身，塑造完美体型，促进人体关节功能康复的目的。

一、全面、有重点地健身

所谓全面，就是指人们通过选择某一项目的练习，使身体的各个部分协调发展，达到健身与健美、健体与健心的统一。

平动与转动的统一。在日常生活中，人们的平动动作司空见惯，而转动的动作几乎做得很少。因此选择单杠的翻上等动作进行练习，使肌肉的用力方向发生变化，可达到平动与转动的统一。

静止姿势与用力动作的统一。在器械体操练习中，静止的动作有悬垂、支撑，它包含混合悬垂、支撑和单纯悬垂、支撑，如站立悬垂、挂悬垂、蹲撑、跪撑等。用力动作有悬垂与支撑的转换，如慢翻上、慢翻下等。这种动静结合的方式有利于人体各器官的均衡发展。

身体各部位的协调统一。体操项目多、内容丰富，有颈部、上肢、躯干、下肢、脚部等身体各部位的运动，又有力量、柔韧、灵敏、速度素质方面的内容，这就为促进身体各个部位的协调统一提供了条件。

身体练习与心理素质提高的统一。体操项目是非对抗性项目，一般采用个人练习的手段。特别是在运动中，练习者处在特定的空间和时间范围内，一些动作往往是平常运动中不能体验到的。因此，选择某些体操项目的练习，不仅可以强身健体，而且也能培养良好心理素质和意志品质。

所谓重点就是指为达到某一目的，有针对性地选择练习。如要使上肢变得强壮，可在双杠、单杠上做各种力量练习；而要加强下肢力量则多选择跳跃和技巧项目；如要加强柔韧性，可利用肋木进行练习；如要提高心血管功能、改善脑部供血、缓解脊椎病变，可在器械上做各种倒立练习。

二、塑造完美的体型

体型是指人的整体形态结构方面的指数以及各部分的比例和位置关系。体型的完美是自然美和艺术美的结合。人的体型大致分为3种类型：即肥胖型、瘦长型和运动员型。运动员的典型体型是，中等以上的身材，肌肉骨骼隆起，颈长而粗，肩宽，胸部发育良好，下腹扁平，腰部较细，四肢粗大，全身发育匀称。由于运动员体型与人们心目中的理想体型相一致，因而成为人们争相效仿的目标。体型主要决定于骨骼的组成与肌肉的状态和机能，有严格的科学性。尽管目前没有一个统一的标准，但“黄金分割律”仍是身体美标准的重要学说之一。在体操练习时，要达到塑造完美体型的目的需要注意以下方面。

（一）体型均衡

所谓均衡是指身体各部分要达到适当的比例关系，而这种比例关系应符合其同族、同类、同龄人的基本特征。因此在器械体操练习项目的选择上，要注意练习的身体部位以及成套动作编排的均衡性。

（二）左右对称

即从正面看和后面看达到左右两侧的平衡发展。要做到对称轴的竖直，肩线和髋线要保持水平位置。保持体型对称主要要求的是左右对称。例如采用“左臂右腿力量的练习法”，以达到左右侧的均衡发展。因为左撇子的出现率约为5%～10%。而脚具有主轴机能，并有保持稳定与决定移动方向的作用，右脚在控制速度和灵活性上具有其优势，但在踏跳等力量上又显薄弱。因此，在练习时要有意识地加强左臂右腿力量。

（三）轮廓鲜明

身体各部分轮廓流畅、鲜明，线条起伏恰到好处，具有性别特征。女子的曲线纤细连贯，平滑流畅，显示柔韧之美。男子粗犷刚劲，肌肉线条明晰，显示出力量之美。

（四）肢体协调

身体的躯干与肢体部位、上肢与下肢、关节与肌肉围径的对比等。由于人的体型可以通过改善营养、形体训练而发生变化。因此，可采用徒手、持轻器械和器械体操的练习达到体型的完美。

现在人们多追求体重与身高相适应的标准体型，即以标准体重的对比来判别出是属于哪种体型。

身高 155 厘米以下　　标准体重 = 身高 - 100

身高 155 厘米以上　　标准体重 = （身高 - 100） ×0.9

比标准体重轻或重在 10% 以内的为正常。

轻重在 10% ~20% 之间的为肥胖或体瘦倾向。

轻重超过 20% 为病态肥胖或病态消瘦。

三、促进人体关节功能的康复

采用体操手段进行系统的练习，可使关节面骨质和关节软骨增厚，肌腱和韧带增粗，关节囊、韧带、肌腱和周围肌肉的伸展性增强。并且使关节的牢固性、灵活性、伸展性都得到提高，关节的活动范围增大，承受能力和运动能力加强。同时还可以防止伤害事故的发生，促进关节功能的康复。

就运动器官系统本身而言，康复的作用主要在于改善或恢复关节的活动幅度，增强肌肉力量和提高肌肉的力量耐力。关节和肌肉必须经常活动才能保持正常的机能状态。在某些情况下，保持关节运动能力，有利于减轻肿胀。

常见的关节运动幅度下降的原因有：关节固定不动引起肌肉挛缩。这种挛缩是由于关节固定于某一位置长期不动、长时间只限于在某一幅度内活动、结缔组织在肌肉中增生和局部肿胀所造成。长期伏案工作者的颈椎关节、肩关节、指关节等易发生此类问题。关节运动幅度下降往往会引起的关节组织改变，如血管充血、软骨变薄、软骨软化、充血和脱钙。

采用体操练习，进行关节功能的康复，可以预防黏连的形成，保存现有的关节运动幅度；保持或恢复正常的关节运动幅度；有助于保存运动条件反射，刺激运动感受器；有助于静脉血液、淋巴回流；可以减轻关节的疼痛。

体操练习可使骨关节面密度增厚，使其能承受更大的负荷。并使肌腱和韧带增粗，增强关节周围肌肉的力量，加大关节的稳固性，从而加强对关节的保护作用。在体操练习力量的同时，应结合一些柔韧动作的练习以提高关节的活动范围。

思考题：

体操的健身作用表现在哪些方面？

第二节　徒手体操健身原理与方法

一、徒手体操的健身原理

徒手体操是体操中最基本的练习和常见的健身形式。徒手动作的练习不受场地和器材条件的限制。经常做此类体操可使四肢和躯干灵活，动作协调；对增强中枢神经系统、促进血液循环、加速物质代谢、预防疾病和恢复机体功能等都有积极的作用。

徒手体操在健身中常见的内容有：广播体操、健身健美操、生产操、医疗体操等。

广播体操是一种典型的全身性徒手操。它是通过音乐节奏和口令指挥进行的徒手运动形式。广播体操一般包括上肢、下肢和躯干、全身等各个部位的练习，由8～12节组成，含有屈、伸、举、振、转体、跳跃等各种动作。一套广播体操要求在4～6分钟的时间内使身体的各个部位、各部分的关节、肌肉、韧带都得到锻炼。以1997年4月18日国家体委等10个部委《关于在全国推广普及第八套广播体操的通知》为例，它的主要特点：①动作简单，易学易记，便于会操；②动作实用，活动部位全面，对锻炼身体作用明显；③时间短，节数少，整套操4分06秒，共8节。经过科研人员对受试者的遥控心率测试，心率在扩胸和跳跃两节动作中出现两个波峰，跳跃运动时心率达到最高峰。全套动作的最大心率为60%～80%心率范围，男性为112～150次/分，女性为116～155次/分，对人体具有较强的刺激作用，属于中等运动强度，练习后3分钟内基本可恢复到正常水平；④为适应不同情况的需要，提供两套长度不同的音乐，一套为每节动作 4 个 8 拍；另一套为每节动作两个 8 拍、时间是 2 分 28 秒的音乐，这样可使练习有选择余地。音乐与动作配合协调，音乐富有美感，又有力度，催人向上，具有感召力。

健身健美操是融体操、舞蹈、音乐为一体，经过再创造，按照全面协调发展身体的要求，组编成操。目前国内外流行着不同类型的健身健美操。例如，按不同年龄编制的系列健美操；培养姿态和塑造形体的健美操；锻炼身体各部位的健美操；按不同性别编制的健美操；按人数多少编制的单、双人或集体健美操等。这些健身健美操均可通过徒手或持轻器械进行练习。经常进行健身健美操练习，有益于肌肉、骨骼、关节的匀称与和谐发展，有利于形成正确的体态和优雅的体型。健身健美操属于有氧锻炼，通过一定时间的锻炼，有助于改善人体内脏功能特别是心肺功能，促进新陈代谢，从而达到增强体质的效果。健身健美操具有良好的心理和社会作用。在音乐的伴奏下进行健身锻炼，可使其感受到愉快的情绪体验，从而调动人的精神力量和体力，使人们进入一种最佳的心理状态，产生向往和追求美的心理趋势，并在同操同乐中沟通人与人之间的情感，发展正常协调的人际关系。进行健身健美操锻炼，首先要学会正确的动作，掌握动作要领。防止过早造成机体疲劳。开始练习时，也不要使动作幅度太大，引起关节韧带拉伤。在正式练习前，要作好准备活动，使身体各部分关节、韧带和肌肉活动开。锻炼结束后要做整理活动，使身体各部分逐渐转入安静状态。练习中的运动负荷控制主要包括锻炼动作的速度、力度、重复次数、组数、间歇时间等。初练者每次锻炼后，应以少量出汗，略感疲劳为宜，心率一般控制在 130 次/分左右。有了一定的锻炼基础后，可适当增加排汗量和疲劳感，心率最高可达 140 次/分。随着锻炼水平的提高，体质的增强，运动强度和运动量都可适当增加，心率最高可以达到 150 次/分以上。

生产操是根据不同的工种、职业、生产劳动的特点、劳动工作条件、年龄、性别等具体情况而编制的徒手体操。这类操主要是为防止和克服生产劳动和工作中出现的身体局部活动过多、负担过大、压力过重，而对身体或心理产生一些不良影响或职业病，从而增进健康和提高工作的效率。如办公工作人员长期精神压力过大，长期伏案工作使颈椎、肩部负担过重，就可以编制办公人员操；根据电脑操作员颈部和背部过度紧张的特点，编制电脑操作员操；根据长途旅行久坐不动、活动范围狭小等环境的限制，可以编制旅行操等。

医疗体操是体操与医疗相结合的产物。它是通过专门的体操锻炼来治疗某一疾病和创伤以及预防的一种好方法。例如一些大关节严重损伤、骨折以及一些手术后的恢复阶段，均需要配合医疗做各种体操练习，增强力量，扩大活动范围，促进机体恢复原有功能。又如，根据腰椎间盘突出症患者，可编制有针对性的康复体操。

徒手体操的内容、方法和编排在基本体操一章中已作论述，下面介绍一些通过徒手体操练习的健身方法。

二、徒手体操健身方法实例

（一）办公室工间操

预备姿势：并腿坐立在椅子上，两臂自然下垂。

第一个 8 拍

预备

1~2

3

4

5~6

7~8

1 ~ 2 拍　右臂经侧摆至上举，掌心向外，头向左转，目视左下方。

3 ~ 4 拍　右臂向右侧摆至侧上举，抬头挺胸，掌心向上，眼看右手。

5 ~ 6 拍　右臂向内转翻腕，掌心转向下。

7 ~ 8 拍　还原成预备姿势。

第二个 8 拍同第一个 8 拍，但方向相反。

第三个 8 拍

1~2

3~4

5~6

7~8

1 ~ 2 拍　右臂侧摆至侧举，头向右转。

3 ~ 4 拍　右手扶左肩，身体左转，目视左下方。

5 ~ 6 拍　右臂伸直，掌心朝上，经前摆至侧举。

7 ~ 8 拍　右臂还原成预备姿势。

第四个 8 拍同第三个 8 拍，但方向相反。

第五个 8 拍

1

2

3

4

5~6

7~8

1 拍　挺胸抬头，上体前屈，两臂侧举。

2 拍　低头含胸，两臂前摆至上举。

3 ~ 4 拍　上体抬起，两臂经上至侧举。

5 ~ 6 拍　两臂经侧摆至后下侧举，同时抬头挺胸。

7~8 拍　还原成预备姿势。

第六个 8 拍

1~2

3~4

5~6

7~8

1~6 拍　右臂经前向左绕环一周。

7~8 拍　还原成预备姿势。

第七个 8 拍同第六个 8 拍，但方向相反。

第八个 8 拍

1~2

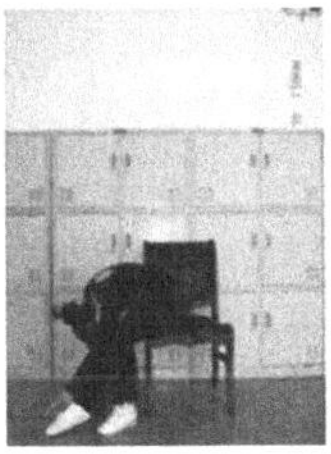

3~4

5~6

7~8

1~2 拍　向左转 45 度，左腿伸直，右腿弯曲，右臂上举。

3~4 拍　上体前屈，低头含胸。

5~6 拍　上体抬起，抬头挺胸，右臂侧举，眼看右手。

7~8 拍　还原成预备姿势。

第九个 8 拍同第八个 8 拍，但方向相反。

第十个8拍

1~2

3~4

5~6

7~8

1~2拍　身体向左转45度，左腿伸直前举，左臂侧上举，右臂前下举，抬头挺胸。

3~4拍　左腿弯曲上抬，低头含胸，两臂前屈。

5~6拍　身体展开，还原成1~2拍姿势。

7~8拍　还原成预备姿势。

第十一个8拍同第十个8拍，方向相反。

第十二个8拍

1~2

3~4

5~6

7~8

1~2拍　身体向左转体45度，两腿屈膝，含胸低头，右臂前伸。

3~4拍　两腿伸直，尽量展开身体，抬头。

5~6拍　还原成1~2拍的姿势。

7~8拍　右转45度，还原成预备姿势。

第十三个 8 拍

1~2

3~4

5~6

7~8

1 ~ 2 拍　身体左转 45 度，左脚侧出屈膝着地，右腿向侧后伸直，脚尖内侧点地。同时右臂上举，抬头挺胸，头向右转。

3 ~ 4 拍　右腿并于左腿，上体前屈，低头含胸，两臂上举。

5 ~ 6 拍　还原成 1 ~ 2 拍姿势，但左臂前上举，右臂前举，眼看右手。

7 ~ 8 拍　还原成预备姿势。

第十四个 8 拍同第十三个 8 拍，但动作相反。

第十五个 8 拍

1~2

3~4

5~6

7~8

1 ~ 2　两手在体后坐撑，两腿大分开，脚跟提起，抬头挺胸。

3 ~ 4　上体向左转 45 度，左臂侧下举，右臂上举，眼看左手。

5 ~ 6　上体还原，两臂侧上举，掌心朝上，抬头挺胸。

7 ~ 8　两腿并拢，还原成预备姿势。

第十六个 8 拍同第十五个 8 拍，但方向相反。

（二）颈椎保健操

预备姿势：两脚分开与肩同宽，两臂自然下垂，全身放松，两眼平视，均匀呼吸。也可采用坐姿。

练习一：双掌擦颈

十指交叉贴于后颈部，左右来回摩擦100次。

练习二：左右转头

头先向左后向右转动，幅度宜大，转动速度慢，以自觉酸胀为好，30次。

练习三：颈前后屈

先前再后，动作速度慢，颈前屈时尽量前伸拉长，30次。

练习四：肩部绕环

两臂肩侧屈（手指触肩），向前绕环20~30次，再向后绕环20~30次。

练习五：头肩对转（颈部拧转）

两手紧贴大腿两侧，两腿不动，头向左转，同时上体右转；头向右转时，上身左转。左右各10次。

练习六：颈部绕环

先向左绕环5次，再向右绕环5次，慢速绕环为宜。

练习七：头手相抗

低头，双手交叉紧贴于脑后。用力抬头，头手对抗用力2~3秒，然后还原。重复5次。

练习八：屈颈转头

头用力左转，并尽量后屈，眼看左上方5秒钟。还原后，再向右转，看右上方5秒钟。

练习九：举臂抬头

两手经侧上举，掌心向上，同时抬头，体稍后屈，眼看手背5秒钟。

练习十：还原结束

两手收回腹前，掌心向上，目视前方5秒，然后还原成直立。

（三）腰椎间盘突出症患者康复体操

1. 腰椎间盘突出症患者早期康复体操

腰椎间盘突出症早期患者腰背肌缺乏锻炼，会导致腰部的肌肉萎缩，力量不足，腰椎的稳定受到影响。通过早期体操锻炼，可恢复生理功能。下面介绍一套比较实用的腰椎间盘突出症患者早期康复体操。

预备姿势：仰卧，两腿自然伸直，两臂置于体侧。

练习一：握拳屈肘屈踝

两手握拳，同时屈肘、屈踝。然后还原成预备姿势。重复12~16次。

练习二：屈膝提腿

左腿屈膝上提，然后还原成预备姿势。再换右腿。左右腿交换各6~8次。

练习三：交替抬腿

左腿伸直上抬（尽量抬高），然后还原成预备姿势。再换右腿。左右腿各做6~8次。

练习四：挺身后屈

两臂上举（吸气），同时胸、腰、髋尽力上挺，然后还原成预备姿势（呼气）。重复12~16次。

练习五：直腿提髋

利用腰肌力量向上提左髋（两膝伸直），右髋下沉。然后右髋上提，左髋下沉。作形似直腿的踏步运动。重复12~16次。

2. 腰椎间盘突出症患者晚期康复体操

腰椎间盘突出症患者晚期体操锻炼，应在重点锻炼腰背肌的基础上，加强腰部和下肢功能运动，调整腰椎两侧及双下肢肌张力，缓解症状。故此期的锻炼幅度比起早期要大一些，介绍如下。

预备姿势：仰卧，两臂置于体侧。

练习一：转体冲拳

两臂于体侧屈肘握拳。下肢伸直不动，上身抬起，同时左转，左拳向右前方击出。然后还原成预备姿势。重复上述动作，但上体右转，击右拳。左右各重复6~8次。

练习二：屈腿挺腰

两臂于体侧屈肘握拳。髋部尽量抬起，挺胸、腹。然后还原成预备姿势。重复12~16次。

练习三：提膝抱腿

左腿屈膝上提，上体抬起，两手抱膝，同时呼气。然后还原成预备姿势。再还右腿做。左右各重复6~8次。

练习四：抬头挺胸

两臂于体侧屈肘握拳。下肢固定不动，抬头挺胸。然后还原成预备姿势。重复10~12次。

练习五：体前后屈

身体左转成左侧卧，两臂前伸撑垫，右腿在上伸直，左腿在下微屈。举右腿体前屈，然后右腿用力后伸体后屈，挺腰仰头。重复6~8次后，再做右侧。

练习六：单腿后举

俯卧，两臂侧举，自然伸直。左腿伸直并尽量向后上抬起，然后还原成俯卧。再换右腿做。左右交替，各重复6~8次。

思考题：

徒手体操对人体的锻炼有哪些作用？

第三节 轻器械体操、专门器械体操健身原理与方法

一、轻器械体操与专门器械体操的健身原理

轻器械体操是在徒手体操的基础上，通过手持体操棍、实心球、哑铃、跳绳和其他的轻器械进行的身体练习。轻器械体操的练习形式多样，它的主要特点是在身体各部分运动的基础上充分利用器械条件，通过变化器械与身体各部位动作的配合，改变练习的强度、难易度和练习形式等对人体施加影响。这类体操练习对增强肌肉力量和控制能力、提高关节灵活性等方面都有良好作用。

专门器械体操是指在肋木、爬绳（竿）、体操凳、专门健身器械上进行的身体练习。专门器械体操练习的特点是身体依附于器械上，通过变化移动的高度，远度、做法及附加条件，如负重、辅助器械等，改变对身体的影响。这类体操尤其对增强肌肉力量和速度，提高攀登能力，培养勇敢、坚毅的精神有良好的作用。

全民健身器械是为大众健身服务专门设计的器械。是我国落实全民健身计划的重要手段之一。常见的全民健身器械有：鞍马练习器、单杠、俯卧撑架、过山攀梯、腹肌板、伸腰展背器等。这些器械主要功能是增强上肢、躯干、下肢肌肉的力量和柔韧性，也可达到身体各部位康复的功能。

轻器械体操和专门器械体操的健身方法在基本体操一章中已详述，锻炼者可根据需要具体选择。以下重点介绍全民健身器械的锻炼方法。

二、全民健身器械健身方法举例

（一）鞍马练习器（图4－1）

【健身目标】增强人体上下肢及腰部肌肉力量，提高身体的灵活性与柔韧性。

【锻炼方法】（1）人站在地上，双手握环俯撑，用力蹬地团身收腹，双腿从环中来回穿越。（2）双手握住扶手做收腰举腿、直角支撑练习。（3）体后撑环，两脚远伸做仰卧撑。

【练习提示】练习前要充分活动肩、腕关节。

图4－1

（二）单　杠（图4－2）

【健身目标】增强上肢肌肉力量、腹肌力量，悬垂和下肢扭转练习，可放松腰部，治疗腰痛等。

【锻炼方法】两手握杠，可做引体向上、悬垂举腿、下肢扭转、悬垂等练习。

【练习提示】视不同力量人群而定，一般5～10次一组，3～4组。

图4－2

（三）俯卧撑架（图4－3）

【健身目标】增强手臂和肩部、胸部力量。

【锻炼方法】不同形式的俯卧撑和仰卧撑练习。

【练习提示】开始练习时，脚立地，手撑器械练习。然后脚手均撑在器械上练习（也可脚撑高端，手撑低端）。待力量增强后，可脚撑器械，手撑地练习。

图4－3

（四）高低杠（图4－4）

【健身目标】发展上肢、腰腹肌等部位的力量。

【锻炼方法】是一种多功能训练器，手可抓杠或高环做引体向上、收腹举腿等练习，可撑在扶手上做双臂屈伸、直角支撑等练习。

【练习提示】8～10个一组，3～4组，视不同力量人群而定。

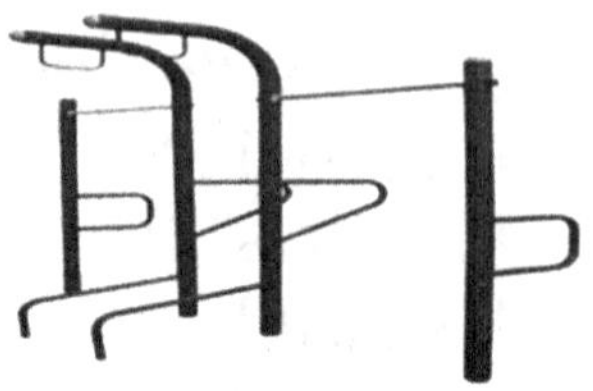

图4－4

（五）过山攀梯（图4－5）

【健身目标】提高上下肢力量和身体协调配合能力。

【锻炼方法】（1）梯上攀爬练习。（2）悬垂爬行练习。

【练习提示】攀爬时注意手脚配合，注意安全，防止跌落。

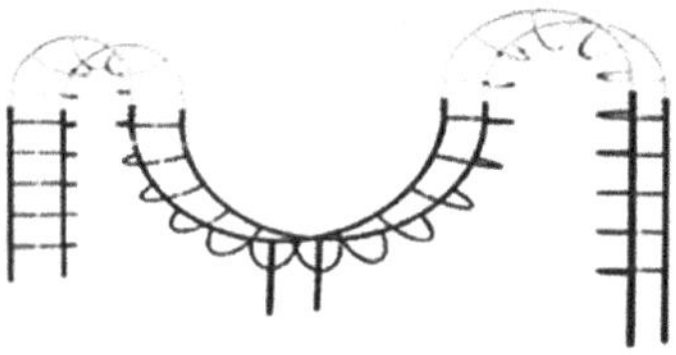

图4－5

（六）腹肌板（图4－6）

【健身目标】增强腹肌力量。

【锻炼方法】膝窝放在上杆，两脚勾住下杆，躺下做仰卧起坐练习。

【练习提示】视不同力量人群而定，一般15～20次一组，3～4组。

图4－6

（七）悬空转轮（图4－7）

【健身目标】锻炼上肢力量。

【锻炼方法】两手抓住转轮，用脚蹬地（或横杆）或借助于身体扭动转动。

【练习提示】结束练习时，待人体停止运动后再跳下。

图4－7

（八）独木桥

【健身目标】提高身体平衡能力和协调能力。

【锻炼方法】在平衡木上做行走或跑步练习。

【练习提示】练习时，张开两臂控制平衡。雨雪天练习时防止脚下打滑。

（九）伸腰展背架（图4－8）

【健身目标】提高腰部柔韧性，对缓解腰部疲劳、治疗腰部疾病有一定作用。

【锻炼方法】两手抓两侧扶手慢慢躺下，做伸展腰部练习。

【练习提示】先活动腰部，练习时动作要舒缓，注意掌握幅度。

图4－8

（十）云　梯（图4－9）

【健身目标】发展上臂肌群的力量，增强人体协调性，培养勇敢的意志品质。

【锻炼方法】两手抓住云梯，做悬垂爬行练习。

【练习提示】合理利用摆动悬垂爬行，两手配合要协调，练习中要注意安全。

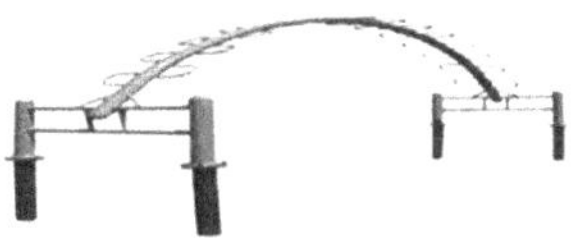

图4－9

思考题：

1. 轻器械体操练习的特点和作用有哪些？
2. 专门器械体操练习的特点和作用有哪些？

第四节　器械体操健身原理与方法

一、器械体操的健身原理

器械体操练习是练习者在体操器械上进行悬垂或支撑时，运用身体各关节的屈伸完成各种动作的运动。这种活动具有一定的竞技性、规范性和复杂性的特点。通常是指单杠、双杠、吊环、鞍马、平衡木、高低杠等项目，它不仅是竞技体操的主要项目，而且在学校体育和部队军事训练中也占有重要的地位。器械体操具有人体姿态的要求，经过训练可锻炼健美的身体姿态。由于器械的结构特点、构成环境和空间的复杂性，是培养人们勇敢、果断、顽强等意志品质，达到增强体质的一种有效手段。

单杠主要是动力性动作，使用单杠进行健身可采用静止姿势和用力动作。经常进行单杠练习，能发展上肢、肩带、腹背肌肉的力量和柔韧性；提高身体的协调性以及前庭分析器的能力。通过高单杠或低单杠的练习，能有效地、全面和有重点地锻炼身体。

双杠是广大群众所喜爱的器械项目。双杠动作繁多，变化复杂，由动力性和静力性两大类组成，而以动力性为主。使用双杠进行健身可充分利用器械的结构做各种练习。双杠练习主要发展人体上肢、躯干和肩带肌肉群的力量与柔韧性，提高身体的灵敏和协调能力，并可进行一些康复性的治疗。

吊环区别于其他项目器械的显著特点在于其握点是活动的。因此，在吊环上做各种摆动、转肩、回环、屈伸和用力动作时要保持环的稳定，控制人体的平衡以及改变人体在器械上的相对位置，这就重点突出了肌肉的力量。同时，青少年喜欢在吊环上做些摆荡和转体的练习，这不仅可以增强上肢、肩带肌肉力量，还可以培养身体的协调用力和节奏感。

鞍马的特点是用两臂支撑来做动作，对支撑能力、准确性和协调性，以及对身体姿态的控制能力要求高。由于两臂始终是用直臂顶肩推撑器械，以一臂或两臂保持身体在运动中的平衡，这种身体的移动和重心的变换是其他器械难以比拟的。

平衡木是一项典型的平衡运动。因此，通过平衡木的练习主要是改善平衡器官的机能，提高动作的准确性和稳定性。同时，在平衡木上做一些走、跑练习和平衡的游戏是青少年喜欢的内容之一。

高低杠是女子锻炼的项目。高低杠练习对发展上肢的推撑力、腰背肌肉力量、肩关节的柔韧性等都有良好的影响，同时练习者在器械上要克服自身体重去完成动作，能增进身体的协调性，增强各种运动器官的能力，特别是前庭分析器的平衡能力。

在平常状态下，每平方毫米的肌肉横断面上仅有30~270条毛细血管开放，其余均处于闭合状态。而进行器械锻炼时，将有多达2000~3000条毛细血管开放。经过一段时间的训练，肌肉中开放的毛细血管状态比平时大大增加，再加上肌纤维变粗，肌肉自然会变得发达而有力了。

器械体操的主要内容在“竞技体操”一章中已介绍部分基本动作。学习体操动作的主要目的是掌握运动技能，同时也有健身的作用。但从健身的角度出发，器械体操的健身手段不仅仅局限于有一定技术难度的体操动作，而且还要充分利用体操器械的结构特点，开发其健身功能，充分发挥体操器械在健身中的作用。

利用体操器械健身的方法很多，通过改变身体的姿态、动作幅度、动作速度等因素来改变动作的难易度。运动负荷应根据自身的能力而定，要循序渐进，逐步提高，练习前要充分活动身体各部，练习中加强安全保护措施，预防运动损伤。

二、器械体操健身方法举例

（一）单杠或高低杠

1. 肩、躯干的垂吊练习

【健身目标】主要发展肩和躯干的灵活性，兼有发展肩和腹背的力量。

【锻炼方法】（1）振胸、肩：正握静止悬垂，收腹举腿（髋角约135度），紧接着两腿落下后摆，同时向后带杠，向前振胸。如此反复。（2）下肢绕环：正握静止悬垂，下肢顺时针或逆时针做圆锥运动。（3）体转：正握静止悬垂，两腿左右分开，利用下肢的摆动左右转体。（4）中穿吊肩：正握静止悬垂，收腹举腿从杠下两臂间穿过，有控制地向后缓慢放下成吊臂，然后反向还原成开始姿势。

【练习提示】体转时，注意掌握动作的幅度和速度。中穿吊肩时，注意根据自身能力掌握吊臂的幅度。开始可屈腿做，然后再直腿做。

2. 收腹举腿练习

【健身目标】发展腰腹力量。

【锻炼方法】（1）直接收腹举腿：正握静止悬垂，收腹举腿至脚尖触杠或过杠，然后还原。（2）收腹举腿绕环：正握静止悬垂，向左或右举腿绕环，也可绕至180度从前落下。

【练习提示】能力较差者，开始可屈膝做或举至90度，能力提高后可直膝做，快起慢放。

3. 引体练习

【健身目标】发展肩带力量和腹肌。

【锻炼方法】（1）低杠引体：直体（脚远伸呈倾斜姿势）站立悬垂，屈臂拉引至胸靠杠，然后还原，如此反复。（2）高杠引体：静止悬垂，屈臂拉引至下腭过杠，然后还原，如此反复。（3）引体向上成支撑：快速拉引至胸，迅速立腕翻肘上成支撑，然后落下再做。（4）高杠连续慢翻上：正握悬垂，屈臂拉引，收腹举腿翻上成支撑，然后向后落下成悬垂，连续数次。

【练习提示】低杠适合女性、老年人练习，能力强的男性可直角（或团身）悬垂做。高杠练习时，重心直上直下运动，摆动不利于动作的完成。振浪做比静止做容易。反握做比正握做容易。

（二）双　杠

1. 支撑移动

【健身目标】直臂顶肩的能力。

【锻炼方法】(1) 支撑行走：杠端跳起支撑，两手依次前移行进，至杠端跳下或转体 180 度返回。(2) 支撑跳跃行进：杠端跳起支撑，两手同时顶肩推手前移，至杠端跳下或转体 180 度返回。

【练习提示】最好低杠练习，支撑时不屈肘，充分顶肩，移动时不摆动，杠下有海绵垫保护。

2. 悬垂移动

【健身目标】增强握力和肩带力量；锻炼攀爬能力。

【锻炼方法】(1) 一杠横向移动：靠一杠立柱内侧团身或直角悬垂，横向移动至另一侧立柱，换握另一杠返回。(2) 两杠纵向移动：杠端从内握，团身或直角悬垂，向前移动至另一端。

【练习提示】由于是悬垂姿势，要将杠升高，同时注意防滑措施。

3. 臂屈伸

【健身目标】增强肩带支撑力量，重点发展胸大肌、三头肌、背阔肌等肌群。

【锻炼方法】(1) 静止臂屈伸：杠端或杠中支撑，屈臂落下，肩低于肘，然后两臂伸直还原成支撑。(2) 支撑摆动臂屈伸：前摆臂屈伸时，后摆至极点屈臂，身体下落屈臂过杠下垂面后，随着身体向前上摆起，两臂伸直。后摆臂屈伸时，屈臂至极点屈臂，身体下落屈臂过杠下垂面后，随着身体向后上摆起，两臂伸直。亦可在一个复摆中，两个单摆各做一次前或后的臂屈伸。

【练习提示】在一定静止臂屈伸的基础上练习摆动臂屈伸，摆动臂屈伸要在杠中做，开始练习时做向前的臂屈伸，再做向后的臂屈伸，然后再前后连做。

4. 卧撑练习

【健身目标】重点发展三头肌、胸大肌的肩带肌群。

【锻炼方法】(1) 俯卧撑：分腿俯撑杠上，屈臂，肩低于肘，然后两臂伸直还原。如此反复。(2) 仰卧撑：分腿仰撑杠上，屈臂，然后两臂伸直还原。如此反复。

【练习提示】在低杠上练习，杠距不能太宽，脚撑杠要牢固。开始练习时，俯卧撑可用大腿内侧撑杠；仰卧撑可用膝部挂杠，以降低练习难度。

（三）跳箱或山羊

1. 俯卧练习

【健身目标】锻炼背部的大肌肉群。

【锻炼方法】（1）俯卧跳箱或山羊，两腿伸直，两脚固定在肋木上或让他人把小腿固定，上体伸出器械。两手交叉抱在头后或贴于腰部。上体向后上方充分伸直，稍停，然后还原，如此反复。（2）俯卧跳箱或山羊，手抓器械，下肢伸出器械，两腿向后上举或摆起，稍停，然后还原，如此反复。

【练习提示】起上体和后举腿的幅度和速度根据自身能力而定，下落可慢些，能力提高后，可负重练习。

2. 跳上、跳下练习（最好用跳箱或无腿山羊）

【健身目标】发展下肢力量，提高弹跳力。

【锻炼方法】（1）前正立，跳上，向后跳下，如此反复。（2）前正立，跳上，向前跳下，原地跳转 180 度，再跳上，如此反复。也可在跳下的同时转体 180 度。（3）侧立，跳上，向另一侧跳下，再跳上，如此左右跳上跳下。

【练习提示】器械高度合适，落地要注意缓冲。

3. 跳越练习

【健身目标】发展人体的协调性、灵活性。

【锻炼方法】（1）俯跳越：侧立，手撑器械，跳起团身越过器械成另一侧侧立，如此往返。（2）俯越转体：前正立，手扶跳箱，跳起团身从一侧俯撑越过器械，同时转体 180 度成另一侧站立，两手依次换撑，手不离器械，如此来回跳越。（3）背越转体：前正立，手扶跳箱，跳起转体 180 度从一侧背撑越过器械成另一侧站立，两手依次换撑，手不离器械，如此来回跳越。

【练习提示】器械高度合适，先练习不转体的跳越，再练习跳越转体。

（四）鞍　马

1. 伸展练习

【健身目标】提高胸、腰、肩的向后伸展幅度。

【锻炼方法】（1）体后屈：后正立，两手握环，后躺，向后伸展胸腰部。（2）后侧立，两手握近环，慢慢后躺，肩触马头，两手握环，屈膝下蹲，向后扩展肩胸部。

【练习提示】向后伸展的幅度不要过大，动作不要过猛。

2. 中穿练习

【健身目标】发展肩带、腰腹力量。

【锻炼方法】环上正撑，顶肩、含胸、收腹、提臀，从环间向前越马，展体成仰撑。同样方法向后越马还原。

【练习提示】动作快速、连贯较容易完成。

3. 爬行练习

【健身目标】发展肩带力量和移动中的控制平衡的能力。

【锻炼方法】从环上正撑开始，顺时针或逆时针环马爬行。

【练习提示】爬行时要充分含胸、顶肩。

（五）吊　环

1. 低环练习

【健身目标】发展肩带力量和腰部的灵活性。

【锻炼方法】（1）全旋练习：两臂从环中穿出悬挂于环上（两手握环，两肘内夹），下肢做顺时针或逆时针圆锥形旋转。（2）环上臂屈伸：同双杠。

【练习提示】环高不超过肩。旋转时，两腿并拢伸直，肩和躯干放松。

2. 高环练习

【健身目标】发展肩带力量，提高肩的灵活性。

【锻炼方法】（1）振胸、肩：静止悬垂，收腹举腿（髋角约135度），紧接着两腿落下后摆，同时向后带环，向前振胸。如此反复。（2）下肢绕环：静止悬垂，下肢顺时针或逆时针做圆锥运动。（3）吊肩：静止悬垂，收腹举腿，经屈体悬垂，有控制地向后缓慢放下成吊臂，然后反向还原成开始姿势。（4）慢拉上：深握吊环，屈臂拉引（两肘内夹，拳心向内），两环经胸前至腋下，然后转环立腕，伸直两臂成支撑。

【练习提示】吊肩练习时，可先做团身的，后做屈体的。慢拉上练习前，先练习单杠的反握引体向上。

（六）平衡木

【健身目标】提高平衡能力，消除恐高心理。

【锻炼方法】各种走、跑、跳、转体、单腿平衡等。

【练习提示】木的高度由低到高，动作由简到繁，由慢到快。加强保护措施。进行形式可单人练习，也可集体练习。

思考题：

1. 体操器械有哪些？各有什么健身作用？
2. 如何利用体操器械进行健身？

（翟廷立 罗元翔 李贵庆 郑湘平 王云涛 金 逵 胡建国）

第五章　体操游戏

第一节　体操游戏的特点与功能

体育游戏作为一项健身娱乐活动，有着悠久的历史。它伴随着人类文化的发展而发展，既是文化娱乐的方法与手段，又是全面发展教育的有效途径。现代绝大部分竞技体育运动项目都起源于早期的体育游戏。体育游戏是以身体练习为基本手段，以增强体质、娱乐身心、陶冶情操为目的的健身娱乐活动。

体操游戏是运用体操器械、设备完成不同的体操练习的一类体育游戏，具有鲜明的项目特点和独特的功能。

一、体操游戏的特点

（一）具有明确的目的性

体操游戏通过人们有意识的活动，为体操练习在心理、生理、技术和身体素质上做好准备。例如在课堂上，可根据课的任务和教学对象的需要来合理安排游戏的内容。准备部分中的游戏是以热身和提高注意力为主要目的；技术教学中的游戏是以调动学生学习兴趣，达到学习、掌握、巩固提高技术动作为主要目的；结束部分中的游戏是以学生达到调整放松身体、消除疲劳为主要目的。

（二）具有较强的娱乐性

体操游戏的选用应符合学生的生理和心理要求，突出它轻松、活泼的特点，达到活跃课堂气氛的目的，同时对学生尽快掌握动作技术、发展身体素质起着积极作用。

（三）具有广泛的适应性

体操游戏的内容丰富，形式多样，适应各种教学对象的年龄特征、身体条件、职业特点等。因此，不同的游戏者，都可根据自身需要和兴趣爱好，选择适宜的游戏内容，具有简单易行和易于广泛开展的特点。

（四）具有鲜明的专门性

由于体操游戏是运用体操器械、设备完成不同的体操练习，在内容、方法、手段、形式和目的上均具有专项特点，这是体操游戏与其他项目游戏的主要区别。

二、体操游戏的功能

（一）增强体质，促进身体健康发展

体操游戏是以体操的练习形式为基本手段的体育游戏，能改善人体的机能状况，发展身体素质和基本活动能力，提高人体对各种自然环境的适应能力。

体操游戏对少年儿童的身体发育有重要作用，有利于培养其正确的走、跑、跳等基本活动能力，尤其在发展少年儿童的平衡能力、协调能力、灵敏性等方面有很好的作用与效果，同时对于少儿的身心健康有特殊的锻炼价值。因此，体操游戏是少儿体育活动必不可少的内容之一。

青年的身体发育在形态上已趋于完成，通过体操游戏的练习，可使枯燥的身体素质练习变得趣味无穷，对发展青年的力量、柔韧、协调等身体素质起着重要作用。

对于中年人而言，经常从事体操游戏活动，不仅有利于身体新陈代谢的平衡，还可以防止各种急慢性病的发生，而且对缓解因紧张的工作和沉重的家务劳动带来的压力有良好的作用。体操游戏是一种积极的娱乐方式。

适量的体操游戏对于老年人来说，可以保持清醒的头脑和灵活的手脚，同时可以收到活动筋骨，增强体质，调节精神的效果。

（二）开拓思维活力

经常参加体操游戏的活动，能使参与者的思维能力得到发展。人们在参与体操游戏的过程中，根据游戏规则，商讨策略，与对手斗智斗勇，与朋友默契配合。特别是锻炼反应和灵敏类游戏，对开拓思维更有独到的作用。

（三）建立和谐人际关系

体操游戏是集体性活动，游戏者通过游戏活动相互交往，能加深相互了解，增进友谊；能在相互交往中增长学生社会交往的知识与经验，在游戏中满足人们交往的需要，加强合作精神。

（四）促进个体心理发展

体操游戏以其丰富的活动形式，使每个参与者能在活动中都可体验到获胜或失败的心理体验。因此通过体操游戏，能提高人们特别是青少年敢于竞争、提高自信心和承受挫折的能力，不断磨炼人的意志品质，在战胜困难、战胜自我的过程中，体会到成功的快感和心理满足，在失败中看到成功的希望，在成功中接受挑战，促进人的心理健康发展。

在体操游戏中，还有专门针对心理品质进行训练的游戏，对提高人的心理素质水平，发展时空感知能力有很好的作用。

思考题：

1. 体操游戏有哪些特点？
2. 体操游戏具有哪些功能？

第二节　体操游戏的创编原则与方法

一、体操游戏的创编原则

（一）目的性原则

在创编体操游戏之前，首先要根据游戏使用的范围、对象确立一个明确的目的，对于大众娱乐、休闲的体操游戏，主要是达到锻炼身体、娱乐身心的目的。在创编时主要考虑游戏是否符合科学锻炼原理，内容是否健康和富于时代特征，游戏过程是否轻松愉快。学校中的体操游戏，主要目的是增强学生体质，促进学生的身体发育，掌握运动技术、技能，有效地发展学生的思想品质和良好的个性心理品质。创编时要突出游戏的思想性目的。同时要根据教学的实际情况，了解不同性质，不同类型的教材所具有的作用与功能，使其与游戏的内容、方法、规则有机地融为一体，充分体现体操游戏的目的性。

（二）教育性原则

体操游戏不仅应具有锻炼身体的价值，并且还具有思想教育的价值，要有意识、有目的地促进学生身心的全面发展。体操游戏的教育作用必须与游戏的内容、方法、组织形式等有机结合，融为一体，寓教育于游戏活动之中。如为培养学生顽强的意志品质，可创编有一定动作难度的“支撑跳跃”“障碍跑接力”等游戏；为培养学生团结合作的集体主义精神，可设计分队竞赛的游戏形式和个人得分与团体积分相结合的记分方法等；为培养学生的思维能力和创造能力，在构思完成游戏的方法时，可留有一定的余地，多方面、多角度地启发学生的思维，培养其创造能力。另外，体操游戏的名称要既能反映游戏的具体内容，又要具有一定的教育意义。游戏的奖罚也应考虑不同参加者的承受能力，力求合理可行。

（三）趣味性原则

趣味性是体操游戏的一个显著特点。在创编体操游戏时一定要千方百计地增加趣味性的因素。所以，在设计时要考虑到内容的多样性、形式的生动性、过程的竞争性等，以提高游戏的趣味性。

不同年龄、性别、阶层、文化背景的人，对体操游戏的感受是不同的。因此，在创编游戏时要根据不同群体的心理特点、文化背景研究他们对趣味性的体验，创编出适合不同群体的体操游戏。

（四）新颖性原则

在创编体操游戏时，应注意吸收新信息、新观点，了解新的体育活动、文化、娱乐发展方向，积极思维，发扬创新精神，力求游戏的内容新颖、形式新奇、方法多变，以满足人们求新、求异、求变的心理，使体操游戏在社会生活中更具吸引力和更广阔的发展前景。

（五）安全性原则

在体操游戏活动过程中，由于参加者兴奋性高，容易出现伤害事故。因此，在创编游戏时必须防患于未然，尽可能排除不安全因素，在创编难度大，带有惊险性的动作时，要充分考虑游戏对象的年龄、运动能力等因素。

对游戏中的不安全因素，规则应发挥约束作用。另外，在教法提示中，应注意提出游戏中容易出现的伤害事故的环节，并采取相应的安全措施。

二、体操游戏的创编方法

（一）广泛搜集与选择相关游戏素材

搜集素材是创编体操游戏的基础，一般可从以下几方面来搜集。

1. 体操项目和基本体操中的基本动作、分解动作、专门练习、辅助练习等。

2. 从资料中搜集以往的体操游戏。

3. 从日常生活和劳动中搜集相关素材。
4. 参考民间游戏以及较为流行的游戏。
5. 选择、移植杂技、戏剧、军事中的能用于体操游戏的内容。
6. 模仿动物的动作，可增强游戏的趣味性。
7. 搜集文化科学知识中的素材，如文字、算术、物理、化学、电子等知识。

（二）体操游戏的构思与设计

1. 体操游戏的构思

体操游戏的构思一般从参与游戏的人群特征、游戏的目的、游戏方式、游戏初步设计、人数、场地、器械、时间等客观因素，分组和准备队形、确定胜负方法和规则、场地布置和裁判安排等方面整体构思。

2. 体操游戏的设计

体操游戏的设计一般要从游戏的名称、游戏的目的、游戏的准备、游戏的方法、游戏的规则、练习中提示和绘图等方面进行设计（见本章第四节“体操游戏实例”）。

思考题：

1. 创编体操游戏应遵循哪些原则?
2. 体操游戏的教育性原则应体现在哪些方面?
3. 在创编体操游戏时如何考虑安全因素?
4. 如何构思体操游戏?
5. 设计 1 ~2 个体操游戏。

第三节　体操游戏的教学

体操游戏的教学与组织是完成教学任务的重要环节，教学方法是教学过程中完成教学任务的途径与手段。教师应根据教学形式、特点、内容和任务的要求，从实际出发，选用符合体操游戏教学规律和学生特点的组织与教法。

一、体操游戏的准备

（一）教材的准备

准备教材应根据游戏的目的来安排，同时考虑学生人数、年龄特征、身体素质、训练程度、学生的兴趣爱好、教学的环境、季节气候等条件安排（编排）游戏内容。

1. 教材的时效性

体操游戏教材的选择要符合教学对象的现实思想现状、能力水平、健康水平、心理特点等，同时要结合课的任务、现实条件，并具有时代特征。教材的时效性首先考虑游戏对象的可接受性和现实效果。

2. 教材的技术性

选择的游戏教材要与其他教学内容互相搭配、互相补充，共同完成教学任务。游戏内容中的动作、技术应该是学生已经学过并基本掌握的动作，通过游戏活动使其进一步的巩固和提高。与其他项目配合使用时，应选择在技术环节与要求上能取得辅助作用的游戏，更好地促进对技术、技能的掌握。

3. 教材的育人性

通过体操游戏对学生进行思想品德教育，发展学生个性，寓教于乐，符合学生的身心发展特点，能取得特殊效果。体操游戏的特点与功能，能吸引学生积极、主动地投入游戏活动中来。学生思想、行为、个性品质都能在游戏中得到充分表露，教师应能抓住有利时机，因势利导、有的放矢地进行教育。因此，选择游戏时要充分考虑育人性。

4. 教材的智力性

游戏教材要选择那些既有规则性质的体力竞争，还要为学生在具体实施游戏过程中提供一定的运用智慧，以巧取胜的灵活性。如果集体完成的对抗游戏，在规则允许的范围内，应研究、选择最佳的协调配合方案。

5. 教材的变通性

游戏有较为灵活的变通性，这是与竞技体育项目的一个重要区别，同一个游戏内容，因教学目的、学生情况、场地等情况不同，可有多种变化形式，在游戏的构思和设计时教师应充分分析，研究教材的可变形式，设计多种调整措施，以便在教学过程中根据实际情况调整游戏方法，使其更具适应性。

（二）场地、器材的准备

场地的大小要根据游戏的内容、参加人数、场地条件而定，并明确界定游戏的场地，一般要求少用面积、少划线，充分利用空场地和自然环境，因地制宜，力求教学方便，并把安全放在第一位。

游戏的器械要做到色彩鲜明，重量、大小适合游戏者的使用，并保证使用的安全。教师应充分发挥每个学生的积极性，指导学生参与游戏的准备过程，有利于学生养成良好的劳动习惯。

二、体操游戏的组织

体操游戏是一项集体性活动，游戏的组织与游戏的效果有直接的关系。教师组织体操游戏时要根据游戏的教学特点、任务和实际情况，对学生、场地器材进行合理安排。体操游戏通常是在分组情况下进行的，分组的原则和方法在体操游戏的组织中显得十分重要。一般情况下体操游戏分成两组进行，这样更能体现出比赛的对抗，也便于裁判。也可根据游戏的内容、性质、占用时间、参加人数、场地器械等条件分成多组进行比赛。

体操游戏分组最基本的要求是：要根据游戏的内容、特点，游戏者的体能、技能等条件合理分组。尽量做到各组的实力对均，体现出公平竞争。

（一）体操游戏的分组原则

1. 身高相近原则

在青少年中，身高与体重、力量与高度成正相关关系，一般情况下，只需按身高顺序分组实力就相对平均。

2. 体重相近原则

在对抗性较强的体操游戏中，体重相近是十分必要的。在成年人中，体重与身高有时相关程度不显著。但体重与力量往往是正相关，体重与速度和灵活性则往往是负相关。

3. 人数相等原则

人数相等是大多数分组中十分必要的。在人数相等的同时，还应考虑能被单位活动人数整除。另外，男女混合编组时，应考虑男女比例大致相等。

以上三种分组原则是最常见的，也是主要的分组原则，除这三种原则外，还有按专项技术水平相近、年龄相近、知识水平相近和心理成熟水平相近等原则分组。

（二）体操游戏的分组方法

在多数情况下，游戏人数在 20 人以内时，分成两组进行对抗为宜，否则要考虑增加组数。由于某种原因，使一次活动时间超过 10 分钟时，可增加组数，以减少每组人数，增加游戏进行的次数。在某些特殊条件下，可根据自然分组进行，如游戏者性别一样、游戏胜负与游戏者身体条件无关时。

在分组时可以运用各种方法，并可根据具体情况交替使用。

1. 固定分组法

将学生按原有的班级进行自然分组，这种方法简单，有利于培养学生的集体荣誉感，便于互帮互助，但易出现各组实力不均。

2. 报数分组法

当游戏者人数较多，游戏时间短，游戏的技术性不强时，可采用报数分组的形式把学生分成体育教学所需的组数。这种方法简单快速，但游戏中配合不易默契，在游戏中的实力方面有时不均。

3. “点将”分组法

这种方法是找出几名学生为组长，让他们“点将”挑选学生组成各自的游戏组，优点是各组实力均等，容易使游戏活动气氛热烈；不足是每个组长都不愿意挑选活动能力差的学生，会使这些学生的积极性受到压抑，并且花费时间较长。因此，在采用这种方法时，可根据情况做些灵活变动，如教师“点将”挑选几个人后，可把其余学生平均分配，避免对“弱者”产生不良影响。

游戏分组方法的选择，应以适合游戏的顺利进行，保证教学效果，使所分出的各组实力相近、简便易行为前提。在分组时，如学生人数不均，教师可加入少一人的一组，或指定少一人组中的某一人多做一次游戏，还可以指定分组后多出的学生协助教师当裁判记时或记分，保证全体学生都能投入游戏教学工作。

三、体操游戏的教法

（一）体操游戏的教学要求

1. 明确并自觉地遵守游戏规则

游戏前，教师必须使每个学生明确游戏的内容、方法与规则，并要求学生自觉地遵守，培养其组织性、纪律性，增强学生的责任感。

在学生不能很好地掌握规则时，教师应鼓励学生勇敢、机智地克服困难，依靠集体的智慧，利用规则，去争取胜利，培养学生良好的意志品质。同时要注意意外事故的发生，在出现意外事件时，及时运用规则处理，树立学生良好的组织纪律观念。

2. 适时调整运动负荷

游戏过程中，教师要随时观察学生的情绪、动作、活动秩序，分析判断学生的生理负荷，并及时采取适当的措施调整运动负荷，达到良好的教学效果。若学生出现对游戏的兴趣不浓，精神不集中，游戏效果差；动作迟缓，纪律松散，犯规次数和人数增多；流汗过多，气喘吁吁，不听指挥，反应迟钝等疲劳现象时，教师应及时调整运动负荷。调整负荷的方法一般有以下几种：

（1）改变比赛次数和规则；调整游戏的难易度和紧张程度；

（2）扩大或缩小游戏的场地范围；

（3）增加或减小游戏的组数和参加游戏的人数；

（4）延长或缩短游戏的时间和间歇时间等。

3. 把安全放在第一位

在体操游戏活动过程中，参加者兴奋性高，安全意识较低，容易出现伤害事故。因此，在创编游戏时必须防患于未然，尽可能排除不安全因素。在创编难度大，带有惊险性的动作时，还要充分考虑游戏对象的年龄、运动能力等因素。对于容易出现的不安全因素，规则应发挥约束作用。另外，在教法提示中，应注意提出游戏中容易出现的伤害事故的环节，并提出相应的安全措施。

4. 突出育人的特点

通过体操游戏对学生进行思想品德教育，发展学生个性，寓教于乐，符合学生的身心发展特点，能取得特殊效果。体操游戏的特点与功能，能吸引学生积极、主动地投入游戏活动中来。学生思想、行为、个性品质都能在游戏中得到充分表露，教师应能抓住有利时机，因势利导、有的放矢地进行教育。

（二）体操游戏的教学方法

1. 讲解法

讲解是教师运用各种形式的语言，使学生明确体操游戏的目的、任务，理解掌握游戏的方法、规则、要求。讲解应能激发学生良好的游戏动机，提高学生对游戏的兴趣和参与的积极性，启发学生积极思维，贯彻对学生的思想教育。

讲解要突出重点，清楚、明了、简洁、生动。必要时，配合动作演示进行讲解。讲解的顺序一般为：游戏的名称、游戏的准备、游戏的方法（过程）、游戏的规则与要求、胜负与奖惩等。

2. 示范法

体操游戏的示范是直观的游戏活动方式，使学生了解游戏的内容、方法和全过程，建立游戏的概念。

（1）示范的要求。体操游戏的示范一般应结合讲解进行，示范应突出关键环节和主要活动方法，体现规则的要求。示范力求简单、明了、省时。

（2）示范的方法。体操游戏的示范应以教师为主，模仿、演示关键的技术环节和配合方法，要结合讲解示范游戏的完整过程，体现规则要求。对于复杂的多人游戏，可选择学生和教师一起示范，或指定一个组的学生在教师指导下进行示范，对集体游戏或较复杂的游戏，可采取“试练法”示范，让学生熟悉游戏内容、方法和规则。

思考题：

1. 体操游戏分组的要求和原则有哪些？
2. 如何调整体操游戏的运动负荷？
3. 体操游戏的教法有哪些？

第四节 体操游戏实例

一、4人拔河（图5-1）

【目的】发展学生下肢和腰腹力量，培养学生拼搏精神。

【准备】长绳1根，两端打结连接成圆形。沙包或其他代替物4个。

【方法】4人一组，在绳内面向外站成正方形，正方形大小以学生前后弓步站立，绳子在腹部位置拉直为准。学生前1.5~2米处放置一沙包。听到裁判员“开始”口令后，学生各自用力向外，力争首先取到沙包。

图5-1

【规则】不得抢先发力。先获得沙包者为胜。

【提示】绳子要结实。沙包距离越远，游戏时间越长，注意根据学生实际适当调整沙包距离。

二、应急躲避（图5-2）

【目的】培养学生反应能力和发展弹跳力。

【准备】场地上划一直径6米左右的圆圈。跳绳1根，绳的一端系一沙包或有一定重量的柔软物。

【方法】学生在线内站成圆圈。指定一名学生在圆心，利用沙包的离心力持绳水平旋转，从其他学生脚下扫过。绳

图5-2

过之处，学生应及时躲避。

【规则】绳距地面不得超过膝高。学生不得跑出圈外。首先触绳的学生，出来替换圆心摇绳的学生。

【提示】圈的大小和绳的长短应根据学生的多少而定。绳端所系之物不能太大、太硬。否则，易伤及学生。可以用竹竿代替绳子，但竹竿必须竿头不得离地。

三、滚圆木接力（图5－3）

【目的】锻炼学生前庭器官机能，发展身体控制能力和灵活性。

【准备】体操垫4块（每组2块）。裁判员1～2名。

【方法】将学生分为人数相等的两队，分别以纵队形式在垫子外侧边缘，相对站立。当裁判员发出“开始”口令后，各组第一名学生迅速横卧，两臂上举，连续3次直体侧滚翻，迅速起立与下一学生对接，下一学生照此法练习，先完成游戏的一队为胜。

图5－3

【规则】不得用手附加支撑。不得抢做。

【提示】第二遍转换方向练习。也可向左2次，再向右2次。

四、双人前滚翻接力（图5－4）

【目的】锻炼学生前庭器官机能，发展灵活性和协调配合能力。

【准备】体操垫4块（每组2块）。裁判员1～2名。

【方法】将学生分为人数相等（偶数）的两队，每队以二路纵队形式在垫子一端，左右相邻的两人内侧手互握。当裁判员发出“开始”口令后，各队第一组学生迅速下蹲，连续完成2次单臂撑地的前滚翻，迅速起立与下一组学生对接，下一组学生照此法练习，先完成练习的一队为胜。

图5－4

【规则】游戏者完成动作后方能分手。必须共同成功地完成两次前滚翻。不得抢做。

【提示】充分活动颈部。滚翻数量可灵活掌握。牵手方式可多变。也可采用不用手支撑地滚翻。

五、3人立体交叉侧滚翻（图5-5）

图5-5

【目的】提高练习者的灵活性和协调性配合能力。

【准备】体操垫3块。

【方法】甲、乙、丙3人从左至右团身跪撑在体操垫上，左右间隔约60厘米。游戏开始，乙向右侧滚翻，同时丙腾起越过乙，落地后向左侧滚翻，同时甲腾起越过丙，落地后向右侧滚翻，同时乙腾起越过甲，落地后向左侧滚翻。依次反复向内腾越，向外滚动。

【提示】腾越时，脚手同时推离。

六、一搬一接力（图5-6）

图5-6

【目的】发展下肢和腹背力量。掌握一对一搬运的技巧。

【准备】场地1块，在距终点线15米处插2面小旗或放两个实心球（相距5米）。裁判员1～2名。

【方法】把学生分成人数相等并为偶数的两队，各队1～2报数。搬运方法可为一人背一人或一人扛一人。鸣笛开始，单数按规定把双数搬至小旗处放下，双数再以同样方法把单数由小旗处搬回，依次进行。也可采用搬运者到标志旗后留下，被搬运者跑回搬运下一人，依次进行。

【规则】不得抢跑。过标旗后单双数才能互换。先搬运完的一队为获胜。也可组间对抗赛，先到一组为胜，记1分，以积分多少决定胜负。

【提示】搬运路线可用曲线或绕障碍物做，增加搬运难度。

七、二搬一接力（图5－7）

【目的】发展下肢和腹背力量，掌握二对一搬运技巧。

【准备】两个边长为15米的等腰三角形，一角作为起点，另两角各插一面小旗。裁判员1～2名。

【方法】把学生分成人数相等（3的倍数）的两队，各队1～3报数。鸣笛开始，搬运过程中，每至一小旗处，换搬一人，回到起点后，下一组照此法进行。

图5－7

【规则】不得抢跑。到标志旗后才能换人。先完成游戏的队为胜。亦可组间对抗赛，先到一组为胜，记1分，积分多的队为胜。

【提示】此游戏运动量较大，游戏前应做好准备活动。根据游戏的情况，可适当调整搬运距离。

八、跳山羊（图5－8）

【目的】培养练习者灵敏性和发展跳跃能力。

【准备】低山羊两个。裁判员1～2名。

【方法】把学生分成人数相等的两队，分别站在距山羊5米处的起跑线上。游戏开始，每队第一人助跑分腿跳过山羊，落地以后转体180度，再由山羊底下钻过去跑回与下一练习者拍手交接，下一人照此法完成动作。直至全队完成。

图5－8

【规则】必须以单跳双落的方法起跳。身体钻山羊时不能碰器械。

【提示】游戏前应加强腕、膝和踝关节的准备活动。对学生动作姿势不宜苛求，在山羊两侧可安排保护者。

九、信任背摔（图5-9）

【目的】活跃集体气氛，增加团队凝聚力，克服心理恐惧。

【准备】高度110厘米左右的保护桌（或其他器械）1个、体操垫1块。

【方法】学生轮流站上跳箱，双手握于胸前，身体直立向后倒下，跳箱下10～12名同学面对面站立，手臂互握，将倒下的学生接住后，抬肩放腿将同学平稳托起。

图5-9

【规则】跳箱上下呼应的口令为：跳箱上同学问："准备好了吗?"跳箱下同学齐声答："准备好了!"跳箱上同学大声喊："一、二、三"，然后直体挺身倒下。

【提示】练习者摘去发卡、胸针、眼镜等可能造成伤害的物品。开始前，教师应先向下压保护学生的手臂，让学生感受到重量并表现出足够的托力。第一位背摔者可由学生自报，但要确定一位体重轻者进行第一次示范。

十、钻跳赛（图5-10）

【目的】发展灵敏性和弹跳力。

【准备】场地1块。裁判员1～2名。

【方法】将学生分成人数相等的两队，一路纵队站在端线外，各队第一人进入场内，两腿分立，弓背弯腰，双手扶膝或撑地站稳，第二人以双手按第一人背作分腿腾跃后，前跨一步，做与第一人相同的姿势；第三人从第一人背分腿腾跃后，再从第二人腹下钻过，并前跨一步与第一、二人做同样姿势。后续游戏者照此法做跳跃、钻过动作。

图5-10

【规则】不能抢先起动。障碍之间距离不得大于2米以上。必须依次序先后跳、钻，不得绕过。每组最后一名游戏者完成全部动作为结束。

【提示】游戏前先做几次分腿腾跃的练习。如场地不够，队形可为马蹄形或圆形。

十一、双人蹲跳（图5－11）

【目的】提高协调性及下肢力量，培养其相互协作能力。

【准备】在场地上划两条相距5米的平行线，分别为起跳线与折回线。裁判员1名。

【方法】将学生分成人数相等并为偶数的两队，各成两路纵队站在起跳线后。每队由第一组开始，两人背对背下蹲，并以两肘相挽，准备做蹲跳。游戏开始，教师发令后，二人同时协调用力向折回线跳进，跳过折回线后，再迅速跳回。后续各组照此法依次进行。

图5－11

【规则】蹲跳时二人不得站起，必须二人都跳过折回线后，才能折回。以先跳回的组为胜，胜者得1分，最后以积分多的队为胜。

【提示】游戏前，应试做双人蹲跳动作。要求学生二人肘部互挽，跳跃时要协调一致。可以轻声喊："1、2、1、2"，以协调用力。双人蹲跳也可改为侧向的蟹行动作，即二人左、右脚同时依次向前走或跳进。

十二、推小车（图5－12）

【目的】增强腰部和上肢力量。

【准备】在游戏场地上划两条相距10米的平行线。一条线作为起点，另一条线为折返线，在折返线相距5米处各插一小旗或标志物。裁判员1～2名。

【方法】将全体学生分成人数相等并为偶数的两队。两个学生为一组，一名学生两手撑地，另一名学生托其双踝，立在起点线上。游戏开始后，各组同时向折返线行进，到折返线后两人交换，折返继续行进，回到起点。

图5－12

【规则】必须过折返线才能交换。以先到一组为胜，胜者得1分，最后以积分多少决定胜负。

【提示】要重视安全教育和措施，推车的人要配合“车”的动作前进，不许嬉闹，不许加速推“车”。爬行距离应根据学生水平和能力而定。

十三、双杠支撑行进（图5－13）

【目的】发展力量素质，提高协调性、灵活性。

【准备】双杠4副，垫子若干块。需裁判员4名。

【方法】将学生分为人数相等的四队，各队以纵队分别站在杠端。当裁判员发出“开始”口令后，各队排头跳上成杠端双臂撑杠，然后两臂交替向前移动，直至到另一杠端跳下，跑回击下一名同学的手掌，然后下一名学生继续。

图5－13

【规则】手臂前撑距离因人而异，但必须在杠端标志线后跳下。在单臂交替移动中，如两脚落地，则重新跳起成双臂支撑，再继续进行。双杠上不能同时有两名学生。各队以最后一名学生跳下并回到本队站好的顺序排列名次。

【提示】裁判员可跟随练习者行进，必要时参入保护。行进方式可采用支撑跳跃式行进。

十四、分腿骑坐前进（图5－14）

【目的】发展双臂、腹肌力量，提高髋、肩关节的灵活性。

【准备】双杠4副，垫子若干块。裁判员1名。

【方法】将学生分为人数相等的四队，分别以横队形式站在双杠外侧。当裁判员发出“开始”口令后，各组第一名杠端跳上成分腿骑坐，然后分腿骑坐前进3次，前摆跳下，跑回本队排尾举手。然后第二名学生重复上述动作，直至最后一名学生

图5－14

回到本队排尾举手。

【规则】前一名跳下杠跑回本组排尾举手，后一名才能上杠。必须完成 3 个完整的分腿坐前进。以各组完成的先后顺序排列名次。

【提示】能完成该动作的学生可以参赛。每队可派 1 名学生跟随练习者，必要时，采取保护措施。

十五、越杠追逐赛（图 5－15）

【目的】发展手臂支撑力量、腹肌力量，发展学生的灵敏素质。培养学生勇于挑战、克服困难的精神。

【准备】双杠 2 副，垫子 4 块。垫子放在双杠右侧落地点。本游戏需裁判员2 名。

图 5－15

【方法】将游戏者分为人数相等的四队，分别以横队形式站在双杠外侧，当裁判员发出“开始”口令后，各组第一名学生杠端跳起支撑前摆越右杠跳下，迅速跑至另一杠端做同样动作，重复 8 次或 10 次，力争追上对方选手，然后各队换下一对学生。

【规则】同一双杠上的两队为竞争对手（抽签决定），每队学生逐一竞争，规定次数内追上对手得 1 分，否则均不得分。以得分多少确定胜负。各双杠上的胜者再争夺 1、2 名。负者争夺 3、4 名。

【提示】出场顺序可事先确定。亦可采用一队首先出一名学生，挑战另一队任意一名学生或另一队任意一名学生出来应战。这样，可以活跃课堂气氛，形成激烈的竞争场面。无论采取什么形式，机会要均等。

十六、轻器械组合游戏（图 5－16）

【目的】发展弹跳力，提高灵活性和协调控制能力。

【准备】在场地上划两条相距 15 米的平行线。在起点线上，相距 5 米各放两个实心球。在对面的折返线上，相距 5 米各插标旗或标志物 1 个、跳绳 1 根、体操棍 1 根。裁判员 1 名。

【方法】将学生分成人数相等的两队，一路纵队排列在起点线外。当裁判员发出“开始”口令后，各队第一名学生用体操棍拨动实心球向前滚动，两个球都滚过折返线后，换跳绳双脚跳10次。再换体操棍拨动实心球滚回起点线。下一名学生照此法接力。直至各队最后一名学生回到起点线。

图5－16

【规则】球必须在地面滚动，人体不能接触球。两个球必须都过折返线后，才能开始跳绳。接力交接时，必须由前一名学生将球放回起点线后，下一名学生才能开始。最后一名首先完成游戏的队为胜。

【提示】距离和跳绳的次数、方法根据对象而定。

十七、勇攀高峰（专门器械组合游戏）（图5－17）

【目的】培养学生平衡、攀爬能力和灵活性。

【准备】在距肋木20米处划一起跑线，距起跑线5米处放一技巧垫，10米处纵向放一体操凳为“独木桥”，15米处横放一体操凳为“山洞”。肋木最高处设一标志物。秒表1块。

图5－17

【方法】学生站在起跑线上，当裁判员发出“开始”口令后，学生冲过起跑线，经过垫上前滚翻—过独木桥　钻山洞—爬肋木触标志物。回到地面后，经过钻山洞—过独木桥—转体180度后滚翻—转体180度返回起点。

【规则】两个滚翻必须完成，必须触到标志物，从肋木返回地面时不许跳下，脚必须触到最下一格肋木。以计时成绩排名。也可分组接力或两人一组对抗赛。

【提示】距离和器械设置可灵活运用。如用山羊代替体操凳，既可钻过，又可腾越。肋木可垂直上下爬，也可横向爬。肋木下应放置垫子，同时有人保护，以防学生跌落。

十八、同心协力（图5－18）

【目的】培养学生协力互助的精神。

【准备】跳绳2根，高单杠2副，垫子4块。在距单杠15米处划一起跑线，各放1根跳绳，单杠下各铺2块垫子。裁判员1名。

图5－18

【方法】将学生分成人数相等并为偶数的两队，每队二路纵队排列在起点线外。各队第一组学生相邻手互牵，外侧手各持绳的一端。当裁判员发出“开始”口令后，各队第一组学生双人跳绳至单杠下，做双人前滚翻一次，两人轮流帮助对方上单杠经支撑后再跳下。然后双人跳绳回到起点交接绳。下一组学生照此行进。直至最后一组完成游戏。

【规则】跳绳和滚翻时，二人不得分离。上单杠的动作不限，帮助翻上或引体向上成支撑均可，但支撑时要经两臂伸直。先完成游戏的一组为胜。

【提示】游戏前，先活动颈部，练习几次前滚翻。注意安全，强调单杠落下的保护。

十九、组合游戏（图5－19）

【目的】培养学生团结协作的精神和勇敢顽强的意志品质。

【准备】双杠2副，体操垫8块，山羊2个，踏跳板2个。裁判员1名。

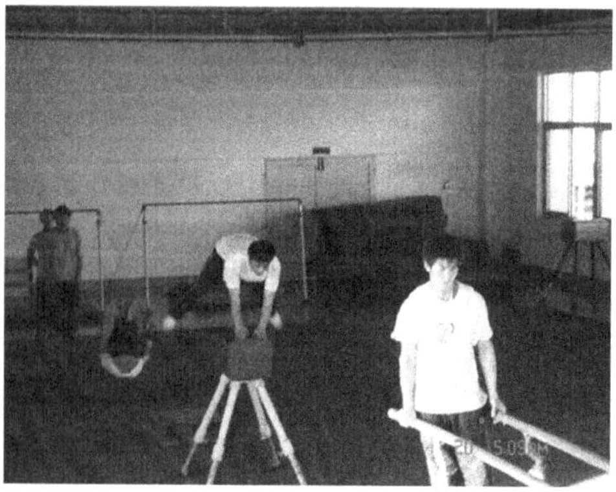

图5－19

【方法】将器械以体操垫2块、踏跳板1个，山羊1个，双杠1副的顺序排好，将学生分为人数相等的两队，分别以纵队形式站在垫子边，当裁判员发出“开始”口令后，各组第一名学生依次完成两个前滚翻，一个山羊分腿腾越，双杠支撑移动的顺序，然后跑回起点，与第二名学生击掌后，第二名学生出发，先完成的队为胜。

【规则】每名学生必须完成全部动作，失败后必须重新完成才能继续前进。

二十、叫号接球（图5－20）

【目的】培养学生快速反应能力。

【准备】实心球一个，裁判一人。

【方法】若干人站成一圈，依次报数，圆心一人持球，听口令“开始”后，持球人用球打外圈的人，待全部散开，则任意报出一个有效数字（圈外人报的数字），将球抛向空中，被报到数字的人要迅速跑进圆心接住球，游戏继续。

【规则】被打中的人或者被叫到的人没接住球都被判负；持球人必须站在圆心处，将球抛到有效高度，保证圈外的人有足够时间跑进圆心。

图5－20

二十一、集体过障碍（图5－21）

【目的】培养学生团结协作的精神。

【准备】跳箱1个、山羊1个、双杠1副。

【方法】学生分成10人左右为一组，各队成一路纵队手拉手站在起跑线后。教师发令后集体向前跑，攀过跳箱，钻过山羊，绕过双杠，再集体返回站好队，用时最少的队为胜。

【规则】不准脱手，脱手后必须重新牵好，否则判负。

图5－21

（魏旭波　王云涛　胡建国　金　逵）

主要参考文献

［1］体操大辞典编辑委员会．体操大辞典［M］．人民体育出版社，1999.
［2］中国体育百科全书编辑委员会．中国体育百科全书．人民体育出版社，2001.
［3］陈镇华，等．中国体操运动史．武汉出版社，1990.
［4］俞继英，等．竞技体操高级教程．人民体育出版社，1999.
［5］全国体育院校教材委员会审定．体育学院专修通用教材《体操》（上、下册）．人民体育出版社，1991.
［6］全国体育院校教材委员会审定．体育学院普修通用教材《体操》．人民体育出版社，1989.
［7］郑吾真，等．竞技体操训练学．北京体育学院出版社，1990.
［8］黄桑．体操．高等教育出版社，2000.
［9］崔鸣周，等．竞技体操．北京体育学院出版社，1987 年版．
［10］孟宪林，等．体操．广西师范大学出版社，1990.
［11］体育院校成人教育协作组体操教材编写组．体育院校函授教材《体操》．人民体育出版社，1996.
［12］韩宏飞．现代体操教学理论与方法．北京体育学院出版社，2001.
［13］全国体育院校教材委员会审定．体育学院专修通用教材《艺术体操》．人民体育出版社，1991.
［14］全国体育院校教材委员会审定．体育学院普修通用教材《大众艺术体操》．人民体育出版社，2000.
［15］技巧运动编写小组．技巧运动．人民体育出版社，1980.
［16］俞继英．奥林匹克体操．人民体育出版社，2001.
［17］易学，等．体操与健康．西南师范大学出版社，2006.
［18］张瑞林．健美操．高等教育出版社，2005.
［19］李玉刚，等．运动训练生物力学基础．湖北科学技术出版社，2003.
［20］冉清泉，等．现代体育准备活动．西南师范大学出版社，1996.
［21］魏大鸿．中外体育游戏 1000 法．湖北人民出版社，1992.
［22］封官声．基本体操．华中师范大学出版社，1997.
［23］韦广忠．基本体操理论教学与实践．武汉大学出版社，2006.
［24］唐宏贵．体育健身原理与方法．武汉：湖北人民出版社，2006.

[25] 国家体育总局群众体育司审定．全民健身路径锻炼游戏竞赛方法．人民体育出版社，2000.
[26] 杨文轩，陈琦．体育原理．北京：高等教育出版社，2004.
[27] 杨静宜．体疗康复．北京：北京体育学院出版社，1988.
[28] 刘纪清，李国兰．实用运动处方．哈尔滨：黑龙江科学技术出版社，1993.
[29] 刘福林，等．趣味体育游戏．北京：北京体育大学出版社，2003.
[30] 蔡锡元，李淑芳．体育游戏．北京：人民体育出版社，2001.
[31] 钱铁群．趣味体育游戏．北京：人民体育出版社，1999.
[32] 中华人民共和国中央军事委员会．中国人民解放军队列条令，2002.
[33] 国家体育总局体操运动管理中心．体操等级运动员规定动作及评分细则，2006.
[34] Joan Jackman GYMNASTICS Uniited states，Dorling Kindersley，2000.
[35] Code of Points [S]. Federation of International Gymnastics，2006.
[34] Apparatus Norms for Gymnastics [S]. Federation of International Gymnastics，2006.
[35] Technical Regulations [S]. Federation of International Gymnastics，2007.
[36] 国家体育总局体操运动管理中心．全国少年体操比赛规定动作，2007.
[37] 国家体育总局体操运动管理中心．体操等级运动员规定动作及评分规则，2007.